国家社科基金项目

孙 丽 著

日本『去工业化』『再工业化』的经济政策研究

Research on Japan's Economic Policy of
"De-industrialization" and
"RE-INDUSTRIALIZATION"

中国财经出版传媒集团

经济科学出版社
Economic Science Press

·北京·

前言

20世纪90年代以来，日本经济出现了三大引起世界高度关注的现象：一是日本经济至今还没有完全走出泡沫经济崩溃的阴影；二是日本产业空心化进一步加剧；三是随着一系列严重质量问题、造假问题的不断曝光，日本开始从"日本制造等于高质量"的"神坛"跌落下来。从表面上看，这三大现象之间似乎并不相干，但深入分析发现，上述三大现象的出现有共同的根源，即在追随、模仿美国"去工业化"与"再工业化"政策的过程中，日本经济发展战略出现了重大的失误：一方面，日本没有把握好"去工业化"与"再工业化"的精髓，却放大了美国"去工业化"与"再工业化"政策的失误，使日本经济陷入泥潭；另一方面，在美国开始大力纠正"去工业化"与"再工业化"进程中的政策失误时，日本仍徘徊于陈旧的理念之中，觉醒迟缓，甚至有不少人坚持认为是"制造业毁灭了日本"，试图使日本在"脱实向虚"的道路上继续前行。日本的经验教训值得正处于工业化进程的中国进行深入研究。

一、"去工业化"和"再工业化"的内涵及其关系

所谓"去工业化"是指一国的经济发展战略、产业结构、投资结构、就业结构等从以制造业为核心转向以服务业为核心，甚至转向以金融业为核心，同时将低端产业和产业价值链中的低端环节向成本更低的国家转移而自身专注于高端产业和产业价值链中附加值较高的环节，使国家经济向"服务化""金融化""虚拟化"发展，导致以制造业为核心的实体经济衰落的过程。而所谓"再工业化"是指一国在对"去工业化"纠偏的基础上，采取一系列政策措施，重新确立服务业与制造业的关系，重新确立金融业与制造业的关系，重新确立制造业在国民经济发展中的核心地位，提升制造业国际竞争力的过程。

一方面，"去工业化"是一国产业结构演变的"自然现象"或者说"一般规律"。根据"配第—克拉克定理"，伴随着一国经济的发展和人均收入水平的提高，劳动力首先从第一产业（农业）向第二产业（制造业）转移；当人均收入水平进一步提高时，劳动力便从第二产业向第三产业（商业和服务业）转移。由此也带来了三大产业的地位嬗变：一国经济的发展会出现由第一产业占主导地位到第二产业占主导地位，再到第三产业占主导地位的变化。这种嬗变虽然是一种经验性的结论，但一般被认为是一国产业结构发展进程中的"自然现象"。另一方面，一国经济发展并非是一种完全的"自然现象"过程，而是"自然现象"和"人为政策导向"（产业政策）相叠加的过程，这种"自然现象"和"人为政策导向"的叠加常常使一国的"去工业化"呈现出复杂的特征。例如，片面地理解所谓"一般规律"，人为地过度超前地发展服务业，会使一国经济发展出现"服务化"、"金融化"及"虚拟化"的特征，甚至表现为"投机化"。因此，一国经济发展中"自然现象"和"人为政策导向"的叠加、交互作用，既有可能使其沿着正确的方向发展，也有可能使其偏离正确轨道，甚至酿成重大危机。在现实中后一种情况居多，从而使人们重新思考以"配第—克拉克定理"为指导的"去工业化"问题，特别是重新思考如何走"去工业化"道路的一系列问题。"再工业化"政策及其进程，正是对"去工业化"失误的纠偏或矫正。

二、日本"去工业化"与"再工业化"的政策及其特征

通常情况下，判断一国是否存在"去工业化"现象，主要采用制造业产值及其占国内生产总值（GDP）的比重、制造业就业人数及其占就业总人数的比重以及制造业企业数量、资本外流造成的制造业海外生产比率、对外直接投资、贸易差额等几个指标来衡量。依据上述指标进行测算可以看出，20世纪60、70年代完成工业化后，日本也开始了"去工业化"进程。而此时，美国却开始了"再工业化"进程。美国"再工业化"进程的雄心壮志及其初期所显现出的良好效果，促使日本开始模仿美国的"再工业化"，模仿美国的日本"再工业化"政策呈现出在"去工业化"和"再

工业化"之间摇摆的"混沌"特征。这与日本同时利用第一次工业革命和第二次工业革命成果实现资本主义发展的历史有所不同。（1）模仿美国的"再工业化"政策。美国的"再工业化"政策始于20世纪70年代，经历了三次变革，旨在调整产业布局、缓解产业空心化、提升制造业竞争力。尤其是进入21世纪后，美国的"再工业化"政策方向更加清晰明确。与日本同期制定的相关产业政策比较可以看出，日美两国的相关政策具有很大的相似度。（2）日本的产业政策措施，既具有"去工业化"的政策特征，也具有"再工业化"的政策特征。一方面，完成工业化后，日本经济发展面临生产成本上升、人口老龄少子化带来劳动力短缺、居民环境保护意识增强等巨大压力，因此，希望通过"去工业化"，把经济发展的重心转向内容产业、旅游业、金融业等现代服务业，注重社会生活基础设施建设，治理产业发展造成的环境污染。另一方面，通过对外直接投资，日本将制造业向生产成本较低的国家转移，本土只留下核心技术研发部门，以寻求在未来的全球制造业竞争中占据制高点。（3）在美国已经开始对"再工业化"政策的内涵、外延及其具体措施进行大规模调整的时候，日本产业政策的重心仍在国家经济的发展是以实体经济（制造业）为核心还是以服务业（金融业）为核心之间摇摆。到安倍执政时期，在"安倍经济学"的"三支箭"中，以旅游经济拉动日本经济复苏的政策被放在了重要位置。

三、美国"去工业化"和"再工业化"政策对日本的影响

美国因素对日本的影响表现在：首先，一方面，20世纪50—60年代，日本主动承接美国"去工业化"进程中产业向外转移的机遇，快速完成了工业化进程。另一方面，在完成工业化后，自20世纪70年代开始，日本模仿美国的产业转移模式，有序地将劳动密集型产业、资本密集型产业甚至部分技术密集型产业向东南亚国家和地区转移，开启了自己的"去工业化"进程，形成了"雁行式"国际产业转移格局。

其次，当日本的"去工业化"进程开始起步、相关问题还没有充分暴露时，美国却自20世纪70年代末开始"再工业化"进程。美国推行"再工业化"进程的动向、其初期所显现出的良好效果以及由此给日本带来的巨大压力，促使日本也开始"再工业化"进程。于是，在日本出现了"去工业化"进程和"再工业化"进程的叠加，导致了两方面的后果。一方

面，日本模仿美国相关理念、政策时，很难及时发现其中的弊端甚至暗藏的重大失误。另一方面，为了配合"再工业化"战略的实施，美国通过各种手段试图打开日本高度封闭的市场，敦促日本放松国内的规制改革，迫使日本进行了几次大规模的贸易自由化、金融自由化改革，签订"广场协议"，等等。

再次，国际金融危机爆发后，在美国实施第三次"再工业化"政策、以美国为代表的其他发达国家都掀起"再工业化"浪潮时，日本仍继续沉迷于"去工业化"中不能自拔，"制造业毁灭日本"、日本应继续推进经济"金融化"的想法仍有极大影响力，这势必影响日本"再工业化"进程的正确方向。

四、日本模仿美国"去工业化"与"再工业化"政策的后果

日本不但亦步亦趋地模仿美国"去工业化"和"再工业化"的理念、政策，而且放大了其失误，结果给日本经济发展造成了严重的消极后果。
（1）推行金融自由化政策，形成虚拟资本脱离实体经济的独特运动，最终导致泡沫经济崩溃及其后遗症难以消除。（2）"去工业化"和"再工业化"进程加重了日本的产业空心化。（3）日本制造业大溃败。

五、日本的经验教训及对中国的启示

虽然中国尚未完成工业化进程，但在某种程度上也自觉或不自觉地跟随、模仿他国的"去工业化"和"再工业化"政策。日本模仿美国"去工业化"和"再工业化"的经验教训，值得正处于工业化进程的中国研究。
（1）发展经济的着力点必须放在实体经济上。（2）强化制造业在实体经济发展中的核心地位和主导作用。（3）处理好实体经济与虚拟经济的关系。
（4）对全球"再工业化"浪潮所带来的贸易战风险有充分认识。（5）在积极实施"走出去"战略的同时要防止产业空心化过快发展。

1 Chapter

第一章
绪 论

第一节 研究背景

"去工业化""再工业化"肇始于美国。自 20 世纪 80 年代以来,世界上众多已完成工业化的国家和尚处于工业化进程中的国家均纷纷模仿美国的"去工业化""再工业化"政策。日本在模仿这些政策的进程中,虽然短期内也取得了一定的积极效果,但由于放大了美国"去工业化""再工业化"政策的失误,最终引发泡沫经济崩溃,使日本经济长期深陷一蹶不振的"泥潭",其教训十分深刻。因此,本书将在已有研究成果的基础上,对日本模仿美国"去工业化""再工业化"政策的经验教训进行全面深入的研究,以资我国借鉴。

首先,我国应当深刻汲取与借鉴日本放大美国的"去工业化""再工业化"政策失误而造成严重后果的经验教训。一是在模仿美国"去工业化""再工业化"政策的过程中,日本放大了美国的失误,给日本经济的发展造成了严重的后果;二是在美国开始大力纠正其"去工业化""再工业化"政策失误时,日本不但仍徘徊于陈旧的理念之中,还有不少人仍坚持认为是"制造业毁灭了日本",试图使日本在"脱实向虚"的道路上继续前行，进而影响日本经济的正确发展方向。其次，中国要高度警惕在经济发展战略上自觉或不自觉地模仿美国、日本的"去工业化""再工业化"政策失误可能带来的严重后果。例如，房地产资产化，大量资金循环在虚拟经济之中，使实体经济的发展严重"失血"，使我国防控以金融风险为核心的各种经济风险的压力骤增。因此，日本的经验教训具有重大的现实意义，值得正处于工业化进程中的中国进行深入的研究与借鉴。

第二节　国内外相关研究的学术史梳理及研究述评

一、国内外相关研究的学术史梳理

1. 对"去工业化"内涵的研究

布鲁斯通和哈里森（Bluestone & Harrison，1982）认为，一国将投资、劳动力等生产要素快速地从制造业向服务业广泛而又系统地转移，从而导致制造业的产出、就业相对衰落的现象，即"去工业化"。罗纳德·麦金农（Ronald Mckinnon，1999）认为，所谓"去工业化"是指一国的投资、产业结构人为地向服务业倾斜，特别是向金融业倾斜，以及将一些生产环节向海外转移从而导致以制造业为代表的实体经济衰落的现象。在自然的"去工业化"过程中，就业向服务业转移（Rowthorn & Coutts，2004；Tregenna，2009），资本也相应转移，这为经济金融化创造了条件。

2. 对"再工业化"内涵的研究

"再工业化"最初用于反映20世纪80年代后期许多西方工业化国家的经济变化过程，这是一个与"去工业化"相反的过程。"再工业化"并非新概念，早在1968年美国《韦氏大词典》就已将其收录其中，并定义为：一种刺激经济增长的政策，尤其是通过政府援助来实现旧工业部门的再次复兴和新工业部门的发展。该词典认为，"再工业化"指的是通过政府的政策支持，一国不仅要实现传统工业部门的复兴和现代化，而且也要支持新兴工业部门增长和发展的过程，即本质上"再工业化"是一国刺激经济增长的策略。

第一个提出"再工业化"问题的学者是伊兹欧尼（Etzioni，1980），他在研究了 20 世纪 70 年代美国经济增长下滑的现象后，提出了"再工业化"理论。他认为美国已经出现消费过多而投资不足的现象，对实体产业的脱离已经损害了美国的生产能力。因此，有必要实施"再工业化"，通过重振制造业带动就业和经济复苏，具体措施包括：加大基础设施建设、加速固定资产折旧、更改税制以鼓励储蓄和投资等。他同时比较了"再工业化"和产业政策的不同，认为产业政策旨在通过政府的作用将资源从衰落的产业中剥离出来，投入到同样由政府挑选出的可能的优胜产业当中，"再工业化"并非系统的国家顶层设计，而是作为产业政策的补充来发挥作用。

20 世纪 80 年代中期，制造业生产基地的海外转移已形成一定规模，美国东北部传统"制造业带"出现了普遍性的工厂倒闭、失业增加、投资停滞等问题。为应对以上问题，学者们再次将目光转向了"再工业化"，并赋予其新的内涵。罗斯韦尔（Rothwell，1985）认为"再工业化"是传统制造业向知识密集型制造业的改造和转型。斯罗（Thurow，1989）认为制造业是经济增长的源泉，美国应该回归以制造业为主导的经济增长模式，他将"再工业化"的核心归纳为传统制造业向先进制造业过渡的一个过程。

2008 年爆发的金融危机引发了学者们对经济增长过度依赖金融业的反思。2009 年美国率先开始"再工业化"进程，结合该背景，国内外学者从美国"再工业化"出发，分析了其内涵。苏立君（2017）在梳理了美国从"去工业化"到"再工业化"的过程后，指出"再工业化"本质是从劳动者的利益诉求出发，从根本上扭转"去工业化"导致的就业率下降，通过重塑低端制造业来增加就业，继续引领高端制造业的变革和创新。王丽丽、赵勇（2015）纵观美国制造业发展的全过程，发现每当美国面临制造业竞争力减弱、失业上升、经济增长放缓等问题时，"再工业化"就会被提起，他们认为"再工业化"本质是一种经济刺激政策。斯蒂芬（Steven，1981）认为，总的来说，"再工业化"是一种产业政策，是通过政府的行政手段，将资源重新配置，引导资源由夕阳产业向朝阳产业转移。他认为实施"再工业化"还包含一系列配套政策，包括能源保护、国际化能源项目以及农业政策。

"再工业化"可分为"自然再工业化"和"政府驱动再工业化"。"自然再工业化"有两种主流观点，第一种观点认为，根据近年来的观察发现，新兴市场国家（如中国）在生产成本上的优势逐渐减弱，工资、能源和环境保护成本都在上涨，而能源成本在美国趋于下降（Srikin et al.，2011），这为制造业重回美国创造了一定条件。第二种观点认为，新材料、机械自动化、智能电子产品等新科技降低了规模经济和劳动密集型制造业的重要性（Karimi & Atkinson，2013；Bitkom & Fraunhofer，2014），同时为满足消费者个性化和差异化需求创造了条件。信息技术、高素质劳动力、产学研的良好对接、企业家战略等正逐渐取代廉价劳动力和大规模生产，日益成为制造业发展的先决条件。"政府驱动再工业化"即政策导向的"再工业化"，是一个国家或地区在意识到其实体经济和虚拟经济失衡时，为了化解潜在风险、实现经济平稳发展而主动采取的措施或战略，而这一举措通常与经济全球化趋势相逆。

3. 对日本实施"再工业化"战略原因的研究

傅钧文（2015）指出金融危机以来，发达国家呈现出一种制造业回流的趋势，日本是早于美国发生的，主要是采取海外撤资和国内建厂的方式，并且对撤资企业的类型进行了分类。数据显示，在中国撤资的日本企业多数为制造业企业，说明日本存在制造业回流的现象。作者认为该现象的产生得益于日本劳动生产率的提升，因此日本在这一轮发展中可以采用新技术和新的生产方式发展本国的高端制造业，呈现一种"再工业化"的态势。在新一轮工业革命中，各国不再是简单的制造业回归，而是在原有的制造业基础上发动第四次工业革命，发展本国的先进制造业以提升综合竞争力。方晓霞等（2015）指出，随着技术不断进步，日本面对"工业4.0"所采取的政策措施有利于构建新型制造系统，实现制造业国际竞争优势的重构和再造。汤之上隆（2015）在《失去的制造业》一书中反思了日本制造业溃败的原因，即日本一直在模仿美国道路而没能从自身出发来实现制造业的振兴，他认为产业模式转变时通常会陷入创新窘境，加大创新力度是日本制造业在本轮发展的核心要素。丁扬阳和郑健壮（2016）指出，制造业乃是一个国家经济发展的重要基础，导致日本制造业衰败的原因主要有以下两点：日本政府持续宽松的货币政策导致虚拟经济迅速发展；《广场协议》① 签订后日元大幅升值，国内制造业成本上升引起产业向海外转移，最终导致本土产业空心化。陶涛（2016）指出日本"再工业化"的重要举措即是机器人战略，他认为日本可以通过机器人革命复兴制造业，并使经济摆脱停滞，为此需要企业尽快进行创新改革，在新一轮工业革命进行国际分工时占得有利地位。刘平（2017）以日本2013年出台的《科技创新战略》为基础进行分析，指出日本本轮经济复兴立足于"日本创造"，旨在从交通、制造、材料研发、保健、旅游五个维度进行创新，使日本成为顶级制造强国，以制造业为基础推动建设"5.0社会"。陈骞（2017）指出日本正通过制订"工业4.1J"计划、建设产业价值链主导权联盟等举措，引导新型制造业与IT融合，从而进一步满足本国制造业的增长需求以及技术需要。

4. 对美国实施"再工业化"战略原因的研究

米勒等（Miller et al.，1984）认为，"再工业化"战略是一种积极的产业政策，有利于重振美国的经济竞争力。瑞恩和梅尔曼（Rynn & Melman，2009）论证了美国第三产业内部各经济部门对制造业的依赖程度，认为美国"再工业化"战略的目的是确保其经济自主权，制造业对第三产业有着决定性的支持作用。波林和贝克（Pollin & Baker，2010）认为，美国"再工业化"战略的实施是经济增长的发动机，依靠制造业重振美国经济是明智之举。丁平（2014）认为，奥巴马提出"再工业化"战略是为了解决金融危机冲击下美国经济衰退和失业率高攀问题。余功德、黄建安（2017）认为，美国实施"再工业化"战略是基于国家安全、意识形态的双重考虑。马振华（2017）认为美国"再工业化"战略旨在振兴本土

---

① 《广场协议》（*Plaza Accord*）：美国、日本、英国、法国等工业发达国家于1985年9月22日签署的协定。目的在于干预外汇市场，使美元对日元、英镑等货币有秩序地下调，以解决美国巨额贸易赤字，从而导致日元大幅升值。

制造业，制造业振兴不是单纯地提升国民经济中第二产业的比例，而是着眼于发展先进制造业和新兴产业。盛垒、洪娜（2014）认为，美国"再工业化"的重点在于掌握制造业产业链最高生产端、价值链最高附加值的领域，从而保持美国在高端制造业领域的绝对领先。

5. 对发达国家实施"再工业化"战略原因的研究

欧美发达国家的"去工业化"之路让他们意识到，"去工业化"虽然可以助推本国实现产业结构的升级，但却从根本上影响了本国国民经济的基础——制造业的发展，造成了产业空心化。金融危机之后，欧美国家充分意识到"去工业化"所带来的负面影响，各国积极响应"再工业化"的号召，催生了对制造业发展的需求。学者们通过反思危机发生的原因，意识到危机产生的根本原因是发达国家的过度"去工业化"导致各国经济"脱实向虚"，动摇了制造业的基础地位。

谭媛元和谭蓉娟（2014）认为金融危机以来，发达国家纷纷重新审视制造业的地位和作用，采取"再工业化"战略，且实施该战略绝不是简单的"实业回归"，实质是以高新技术为依托，通过发展高附加值的制造业重塑具备强大竞争力的新工业体系。作者通过实证分析认为，以美国、德国、日本为代表的发达国家开启的"再工业化"进程表面上为了应对产业空心化，实质是发达国家对本国产业结构的一次重大谋划，是为了在当今技术飞速发展的时代做产业的"领头羊"，在产业链中占据制高点。

也有学者反对实施"再工业化"战略。库塞拉和米尔伯格（Kucera & Milberg，2003）认为制造业在产业结构中的比重下降符合经济发展的自然规律，政府强行扭转该过程反而会导致资源配置不当，对劳动生产率的提升带来负面影响。特雷格纳（Tregenna，2011）对政府干预保持了同样的忧虑，他认为在自由竞争条件下，经济活动选择向第三产业倾斜，是市场机制引导下的最优的产业结构演变，政府干预反而导致无效率。

6. 对产业海外转移导致产业空心化的研究

20世纪60年代以来，发达国家相继完成了工业化进程。随着各国工业化水平的不断提高，这些国家不再满足于制造业带来的资本增值，纷纷将资源转移至高收益的服务业，而忽视了产业结构的重要性。

但是服务业真的可以通过产业转移成为国民经济的基础吗？1991年日本泡沫经济破裂、1997年亚洲金融风暴、2007年美国次贷危机、2008年全球金融危机和欧洲主权债务危机，都从现实角度印证了"去工业化"的严重负面影响。塔西（Tassey，2010）发现，由于制造业海外转移的速度远大于国内扩张的速度，国内出现产业供应链空洞化，导致美国制造业的领导地位衰落。他从制造业对一国创新、经济增长的重要性出发，指出了国内制造业的持续流失给美国经济带来的风险。苏华（2012）指出，日本在20世纪80年代兴起的大规模对外投资中，对第三产业的投资不断上升，产生了"非工业化"经济现象，导致本土制造业萎缩和产业失衡，从而造成了日本的产业空心化。徐微（2012）通过分析日本对外投资的三个阶段，认为对外投资对产业、贸易、就业均产生了影响，也是产业空心化的直接导火索。胡立君和薛福根（2013）对日本和美国的产业空心化现象进行比较研究，指出日美"去工业化"之路呈现不同特征，日本注重海外投资的"离本土化"，美国倾向于产业转移的"离制造化"，但是殊途同归，"去工业化"均导致了本国的产业空心化。因此，应平衡好实体经济和虚拟经济的关系，确保在实体经济的基础上发展虚拟经济。何自力（2015）从分析经济停滞的角度出发，认为"去工业化"现象使得经济增长不再依靠投资和技术更新，而是靠消费增长的假象，经济不再呈现周期波动，而是有"去周期化"的态势。他指出，金融危机就是实体危机，是由"去工业化"直接导致的。李成乔（2016）指出，日本、美国出现产业空心化的原因是两国的产业结构调整不合理。第二次世界大战后，日本、美国等发达国家迅速完成工业化，自20世纪70年代起，发达国家纷纷将本国劳动密集型产业转移到海外，着力发展知识密集型产业服务业，这种经济现象极大削弱了制造业在本国经济中的地位，出现产业空心化问题，继而催生了发达国家的经济"泡沫"，最终引发了金融危机。

7. 对美国实施"再工业化"政策的探讨

关于美国的"再工业化"，学者们的目光主要聚焦于美国政府是否应该"驱动"这一过程。多数学者认为，制造业萎缩会带来一系列经济问题，美国实施"再工业化"有其必要性和合理性。瑞恩和梅尔曼（Rynn & Melmen，2002）认为制造业应该是美国经济的中心，而不是金融业，因此美国有必要实施"再工业化"政策。尼尔和波林（Neil & Pollin，2010）认为美国经济正面临着诸多长期的、结构性的挑战，应该建立一个以工业为动力而不是以金融"泡沫"为驱动的经济增长引擎。特雷格纳（Tregenna，2011）对发达国家的就业数据分析后发现，一国就业水平和制造业发达程度呈反向变化，因此对一国政府来说，制定一个有效的产业政策十分必要。黄永春等（2013）认为制造业是经济增长、技术创新和就业机会的源泉，他们通过研究制造业和服务业的交互外部性，发现制造业占比的下降会导致美国生产性服务缺乏需求的支撑，最终引发美国经济增长放缓。曹洁琼（2013）指出美国次贷危机和产业空心化的关系，认为美国重视房地产和金融行业而忽略了制造业，将制造业大量外包于发展中国家，最终导致了美国的产业空心化，因此主张美国应该考虑重振制造业。余功德和黄建安（2017）从社会与人文角度出发，指出制造业萎缩导致蓝领工人成为中产阶级的上升通道受阻，在意识形态上引发了"美国梦"危机和社会贫富对立。

也有学者提出反对意见。米勒（Miller，1984）详细分析了美国利益集团、立法机构、行政机构和司法系统的情况，认为实施"再工业化"政策将会阻碍美国产业国际竞争力的提升，使民众生活质量下降。库塞拉和米尔伯格（Kucera & Milberg，2003）通过实证分析发现，在国际贸易中发展中国家出口的增加和发达国家就业率的下降之间并不存在因果关系，他们认为"再工业化"战略会破坏自由市场，导致资源不能有效配置且使劳动生产率下降，因此发达国家实施"再工业化"战略完全没必要。斯蒂格利茨（Stiglitz，2012）认为一个国家在工业化进程中制造业工资水平上升和就业水平下降是一种自然现象，是国际分工的选择，能够为发达国家产业的转型升级腾出空间，他认为"再工业化"是违背经济自然发展规律的。

8. 对美国"再工业化"政策效果的评估

各学者建立了不同的评价指标来衡量美国"再工业化"的政策效果，结论也不尽相同。宋国友（2013）发现，美国实施"再工业化"带动了如页岩气勘探开采等新兴行业的发展，从长远来看有助于降低制造成本，缓解贸易逆差。他对比了政策实施前后虚拟经济和实体经济失衡、贸易逆差、消费投资失衡三大经济不平衡状况，发现这些状况均得到改善，因此认为奥巴马第一个任期后政策效果已初步显现。尽管如此，他认为政策效果只能算是差强人意，仍然存在国内政治牵绊、巨大的财政压力和美国在国际经济体系中主导力降低等限制条件，使得美国"再工业化"的政策努力面临严峻挑战。戴金平和谭书诗（2013）对比了政策实施前后国际收支调整和制造业产值变化情况，认为美国制造业整体已实现显著复苏，新增订单的增长率数据也说明美国中高端制造从 2012 年起有了迅猛发展，他们将其归因于美国完善的知识产权保护、发达的金融市场、全球领先的创新能力以及"官—产—学"紧密结合的科技创新体系。庄芮（2013）提出美国的《先进制造业伙伴计划》是以制造业为契机，旨在提升国家综合竞争力，进一步稳固美国全球主导地位的指导文件；并指出在奥巴马政府期间，政策效果已经逐步显现，如制造业回流，订单数量增加且利润上升，制造业就业状况也得到较好的改善；最后作者表明美国的"再工业化"战略不仅会对美国的霸权地位提供支持，也将影响全球产业格局。盛垒和洪娜（2014）认为美国"再工业化"战略在其新一轮制造业回流过程中确实起到了推波助澜的作用，就短期来看，美国"再工业化"战略虽困难重重，但前景可期。孙黎和李俊江（2015）也认为，美国"再工业化"战略已取得积极成效，虚实脱节的状况已有所改善。

更多的学者对政策效果提出了质疑。张雨（2014）考察了 2007～2012 年美国制造业的发展概况，认为美国"再工业化"战略的政策效果总体上并不明显，提出不应将"再工业化"目标设定为短期就能解决的就业和贸易问题，而应将其作为长久之计，旨在解决结构性问题。李滨和张雨（2014）认为，美国的"再工业化"效果未达预期的原因在于国内劳动力成本高昂和高技术人才短缺，此外，考虑到将布局于全球的产业供应链转移回国十分困难，海外企业通常不愿回归本土。纳吉尔和阿特金森（Nager & Atkinson，2015）认为不断增长的企业、就业和产值并不意味着美国制造业已"高枕无忧"，相反，在金融危机时期，美国制造业遭遇了巨大的损失，随着需求的恢复，一些工厂重新开工或扩张，这仅是经历了深度衰退后的周期性复苏现象。他们逐一反驳了被广泛认可的美国制造业的优势条件，包括中国劳动力成本的上涨、全球航运成本降低、页岩气革命推动下能源成本的缩减、弱势美元、高劳动生产率带来的制造业综合成本下降，对美国制造业未来的发展前景表示忧虑。对于金融危机之后美国"再工业化"战略能否成功，王丽丽和赵勇（2015）认为其实质并不是强调美国制造业绝对竞争力的提高，而是追求制造业部门相对产出地位的上升。他们认为美国制造业回归将会面临资本边际收益递减的现实困难，其"再工业化"战略不具备长期实施的经济基础。张晨和冯志轩（2016）通过深入考察制造部门和金融部门在危机后的恢复情况，认为美国本轮经济复苏的本质仍然是深度依赖无生产基础的金融化的积累机制，在重建一个以制造业为代表的实体经济的任务上是彻底失败的。张继彤和陈煜（2018）将"再工业化"政策分为扩大出口、人才培养、降低企业税负、降低对外直接投资四个方面，通过测算美国2000～2015年制造业内部各细分行业的产出效率，发现"再工业化"政策未能提升制造业整体产出效率，也未能缩小传统制造业同先进制造业的产出效率差距。

9. 对美国实施"再工业化"政策建议的研究

斯蒂芬（Steven，1981）指出制造业的复苏需要将资源从落后部门转移到先进工业部门，并强调了在此过程中政府应发挥相应的作用。波林和贝克（Pollin & Baker，2010）通过对比发现，美国多个制造业部门的产值和社会基础设施的建设严重落后于德国、西班牙和中国，因此应制定积极的工业政策，并将政策重点放在公共基础设施投资上。塔西（Tassey，2010）认为应实施以制造业为中心的创新政策，并构建了政策的初步框架。其中，敏捷制造系统、基于多学科的制造、非传统制造技术、智能装配系统、建模和仿真等领域为政策重点，他主张政府对上述技术研发给予20%的税收抵免。阿特金森（Atkinson，2010）发现根据美国现行法律，只有产品研发才有资格获得信贷，但是，美国制造业复苏需要依托更先进的生产过程，如果允许公司将信贷资金用于生产过程的研发，将刺激更多先进生产模式的诞生。因此他建议将替代简化信贷（alternative simplified credit）从14%扩大到20%以上，并将生产流程的研究和开发纳入符合信贷条件的研发支出当中。李俊江和孟勐（2016）重点研究了美国"再工业化"战略中的创新驱动路径，提出美国制造业回归的本质即是"经济中心"回归，美国试图将传统经济发展模式转换为可持续发展的模式，"再工业化"要求美国不断进行技术创新，同时配以完善的制度进一步保障和驱动创新。苏立君（2017）认为美国要想从根本上实现"再工业化"，只有改变资本主义生产方式，实现其体制的根本变革，否则"再工业化"在短期内是不可能实现的。胡鞍钢等（2018）通过估算美国制造业内部结构的变化，发现初级和中级制造业的增加值已达到或即将达到发展顶点，因此建议将政策重心放在更具增长潜力的高级制造业部门。

10. "再工业化"对中国的影响研究

在发达国家相继实施"再工业化"战略的背景下，全球制造业格局都将受到影响，我国作为全球产业链的重要一环，也将不可避免地受到波及。

部分学者基于定量研究和实证分析认为美国的"再工业化"会对中国产生消极影响。李俊和胡峰（2016）测算了2010～2014年中国劳动密集型产业中技术产品以及高端制造业的显性比较优势指数，发现美国"再工业化"政策出台后，美国对中国制造业总体比较优势的影响不明显，但影响了我国高端制造业的贸易竞争优势。王颖（2016）基于实证分析发现，美国"再工业化"对中国出口和利用外资均具有显著滞后的正向影响。石红莲和王彬（2017）通过构造美国"再工业化指数"，研究了美国"再工业化"对中美贸易的影响。结果表明"再工业化"政策在短期内对中美贸易影响不显著，但长期来看会对中美贸易产生阻碍作用。

更多的学者从定性的角度探讨了美国"再工业化"对中国的负面效应。郑志来（2015）认为我国高端制造业与美国差距甚大。美国的智能制造使得产业链的上下游在物理系统的作用下形成更成熟的一体化结构，中国在全球产业链中的职能将被大大弱化。陈汉林和朱行（2016）认为美国"再工业化"促进了中高端制造业的回流，增加了中国招商引资的难度。同时，美国本土制造业竞争力不断增长，将带动劳动生产率更快上涨，美国劳动力成本优势将更为明显，中美间制造业成本差距将不断收窄。余功德和黄建安（2017）认为美国"再工业化"战略具有出口导向的特点，意味着对中国制造具有一定程度的替代，从长远来看将损害中国"世界工厂"的地位。卞修倩（2014）利用面板数据进行实证检验，归纳出美国"再工业化"战略对我国制造业竞争力的影响路径，认为短期内我国将会保持比较优势，但从长期来看，我国制造业的发展充满挑战，同时美国日益提高的技术壁垒也将使我国先进制造业的发展更为艰难。唐志良和刘建江（2012）、高丽媛（2016）认为美国的制造业回归旨在通过技术和制度的双重创新来重振本国制造业，势必会影响中美之间的关系，两国关系会从互补关系转向竞争关系；同时美国贸易保护主义甚嚣尘上也会对中国的产业转型升级造成负面影响，尤其对中国制造业发展造成重创。

也有学者认为美国"再工业化"的实施对中国制造业的发展具有积极效应。丁平（2014）认为，美国实施"再工业化"会扩大高技术产品出口，中国正可借机通过进口发展本国先进技术。郑志来（2015）认为，中国可借鉴美国在"再工业化"过程中发展先进制造业的经验，为己所用。邵嘉文（2018）认为美国"再工业化"战略是对自身在全球产业链的一次重新定位，并不是单纯的制造业回归，而是要借此机会来重塑全球制造体系，而这将会对全球产生深远影响，尤其是对于缺乏完善的知识产权体系又难以掌握高端技术人才的发展中国家。他认为中国要想实现经济的可持续发展，必须要创新，并且实现科技自主。

反观德国"工业4.0"和日本的"机器人革命"，对中国的影响是利大于弊。由于德国和日本在制造业发展初期都是从模仿创新到自主创新，与我国的产业发展路径相似，因此可以为我国的制造业发展提供宝贵建议。黄阳华（2015）系统梳理了德国"工业4.0"的实施背景和重点内容，指出德国产业的本质即是创新。他认为中德同属制造业大国，在产业结构升级方面具有相似之处，同时在新工业革命过程中均面临着机遇和挑战，因此德国的各项举措对于我国具有丰富的借鉴意义，如重新审视工业的意义、产业政策转变、促进中小企业发展等。李金华（2015）认为德国"工业4.0"与"中国制造2025"在背景和目标等方面均存在较大异同，所以不能简单地将"中国制造2025"当作中国版的"工业4.0"，但是德国"工业4.0"仍然对中国制造业的发展具有重要的借鉴意义。他总结出四点：首先，我国应制定更加具体优化的行动细则，并保证政策落地实施；其次，我国应该构建未来生产模式蓝图，同时完善配套的培训机制及教育机制；再次，仿照德国行业协会构建本国企业联盟，更好地推进产品集成和研发，进而对接全球；最后，完善基础设施建设，保证基础设施的低成本和高效率，以实现制造业增长与基础设施相互促进。工业和信息化部赛迪研究院认为日本在本轮产业升级中选取了机器人产业作为其产业转型升级的支点，日本此举重点在于将其优势产业进一步做大做强。中国作为目前机器人需求最大的国家，应从日本的机器人战略中获得启示，进一步推动我国的机器人产业发展，助推制造业转型升级。孙静（2019）同样指出，创新是支撑德国制造业竞争力的关键，"工业 4.0"以德国强大的制造业能力为基础，推动工业领域的创新，这对我国制造业转型升级有很大的借鉴意义。

11. 对中国应对"再工业化"的研究

方晓霞等（2015）和张鹏（2016）认为，我国可以借鉴日本"再工业化"政策措施，进而推动制造强国建设。黄永春和郑江淮（2013）认为，面对美国"再工业化"战略，中国应大力发展新兴产业，坚持技术创新和工业化并举的集约化、开放化道路。孙黎和李俊江（2015）认为，中国应加大对生产性服务业的直接投资，以获取先进技术。赵刚（2012）针对美国出台的《先进制造业伙伴计划》，分析了美国构建先进制造技术的路线图，提出在全球经济的巨大挑战面前，我国要重点发展绿色、高端制造业，并不断提高其在国民经济中的地位。苏华（2012）指出日本产业空心化的原因，建议我国东部地区应该通过加快发展高新技术产业等措施来预防产业空心化。

习近平主席在党的十九大报告中提出："建设现代化经济体系，必须把发展经济的着力点放在实体经济上，把提高供给体系质量作为主攻方向，显著增强我国经济质量优势。加快建设制造强国，加快发展先进制造业，推动互联网、大数据、人工智能和实体经济深度融合，在中高端消费、创新引领、绿色低碳、共享经济、现代供应链、人力资本服务等领域培育新增长点、形成新动能。支持传统产业优化升级，加快发展现代服务业，瞄准国际标准提高水平。促进我国产业迈向全球价值链中高端，培育若干世界级先进制造业集群。"①

二、现有研究成果评述

现有研究成果对本书的研究有重要的借鉴意义，但现有研究成果基本全部聚焦于美国"去工业化""再工业化"战略对美国国内经济发展的影响，对其他国家经济发展理念、政策影响的研究十分匮乏，特别是对20世纪70年代刚刚完成工业化进程的日本如何受到美国"去工业化""再工业化"战略影响的研究更是空白。

本书试图破解的理论问题主要包括：服务业的发展能否脱离一国的经济发展需要而人为地超前过度地发展，使一国经济"服务化"，即所谓经济的"高级化"？金融业能否脱离为实体经济服务的轨道而进行独立运动，使一国经济"金融化"，甚至"投机化"？虚拟经济的发展能否超越实体经济发展的需要盲目、独立、过度地发展，使一国经济"虚拟化"？制造业是否永远是每个国家特别是大国经济增长根本的动力源泉？是否要始终强化制造业在一国实体经济发展中的核心地位的理念？等等。上述问题既是美国也是日本面临的问题，特别是日本在"去工业化""再工业化"进程中没有处理好的重大理论问题，也是当今尚未完成工业化的中国在经济发展理念与战略中所要解决的重大理论问题。因此，科学、深入地研究上述理论问题，避免重蹈美国特别是日本的覆辙，在当下中国具有重大而独到的学术价值。

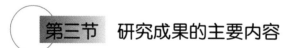

第三节　研究成果的主要内容

一、本书的内容

第一部分：此部分在对有关"去工业化""再工业化"内涵、实施

---

① 决胜全面建成小康社会　夺取新时代中国特色社会主义伟大胜利［N］. 人民日报, 2017 - 10 - 19.

"再工业化"战略的原因、产业海外转移导致产业空心化、"再工业化"政策实施建议、"再工业化"政策效果、"再工业化"对中国的影响、中国应对"再工业化"措施等国内外相关研究的学术史进行梳理的基础上,对现有研究成果进行了客观的评述。此部分研究是本书的客观依据。

第二部分:此部分系统阐述了"去工业化""再工业化"的相关理论和两者之间的联系,并以理论为基础构建指标体系,对日本、美国"再工业化"的进程测度进行全面深入的研究。此部分研究是本书研究的理论基础。

第三部分:此部分对"去工业化""再工业化"的内涵、日本"去工业化""再工业化"进程及其特征进行了系统梳理。此部分研究是本书研究的基础部分。

第四部分:此部分在深入研究美国"去工业化"与"再工业化"的基础上,一方面详细阐述了日本模仿美国"去工业化""再工业化"进程中的政策和行动偏离;另一方面,这种行动的偏离也使日本的"再工业化"产业政策呈现出在"去工业化""再工业化"之间摇摆的状态。此部分研究是本书研究的核心。

第五部分:此部分从日本产业空心化问题和制造业国际竞争力下降两个主要方面,展现了日本放大美国"去工业化""再工业化"政策失误后对经济所带来的负面效应。此部分研究是本书研究的再深化。

第六部分:此部分主要为后危机时代日本与美国的"再工业化"对比分析,包括两国"再工业化"的时代背景和政策动因,奥巴马、特朗普与安倍内阁时期的"再工业化"政策内容,以及两国"再工业化"政策效果的比较。此部分是本书研究的再深化。

第七部分:此部分从日本企业在中国大量撤资的"制造业回流"现象出发,反映出后疫情时代发达国家"再工业化"所显现出的全球产业链重构趋势,并阐述在此背景下中国的全球产业链处境。此部分是本书研究的延续。

第八部分:日本"去工业化""再工业化"经验教训的启示。此部分在上述深入研究的基础上,对日本"去工业化""再工业化"经验教训及其启示进行了全面深入的研究,结论是:(1)要牢固确立发展经济的着力点必须放在实体经济上的正确发展理念；（2）要强化制造业在实体经济发展中的核心地位和主导作用；（3）在积极实施"走出去"战略的同时要防止产业空心化过快发展；（4）要促进自主创新这一建设制造业强国的核心支撑；（5）要坚持"以实为主，虚实协调"的产业结构政策导向；（6）要对全球"再工业化"浪潮所带来的贸易摩擦风险有充分认识；（7）准确把脉全球产业链重构方向；（8）后疫情时代中国要积极参与全球供应链重构。此部分研究是本书研究的落脚点。

二、具体研究方法

一是跨学科的研究方法。由于本书的研究既涉及国内政策，也涉及对外政策；既涉及经济问题，也涉及政治问题；既涉及现实问题，也涉及历史问题；等等。因此，本书将采用国际经济学、国际政治经济学、管理学、历史学等多学科的研究方法展开本书的研究。

二是比较的研究方法。本书的研究将会对日美两国"去工业化""再工业化"的进程、政策、效果以及影响作出全面深入的比较研究，以期对日本"去工业化""再工业化"的经验教训有更深刻的认识与借鉴。

三是专项调研与一般调研相结合的研究方法。"去工业化""再工业化"问题既是一个重大的理论问题也是一个重大的实践问题，因此，本书将运用专项调研与一般调研相结合的研究方法，在充分掌握第一手资料的基础上深化研究，进而提出具有针对性、前瞻性、可操作性的资政建议。

第四节 本书的创新点

一、学术观点创新

从理论与实践结合的高度全面深入研究和借鉴日本"去工业化""再工业化"的经验教训，既立足于集成创新，更注重独立创新。

（1）美国在其"去工业化""再工业化"进程中存在着两种价值取向

的激烈摩擦与较量：一是试图通过引导投资、产业结构向服务业转移，使服务业成为主导产业，以此使经济能够保持可持续发展；二是试图在"去工业化""再工业化"进程中，不但要使经济"服务化"，而且要使经济"金融化"。两种价值取向的激烈摩擦与较量，特别是受资本逐利本性的驱使，使美国的"去工业化""再工业化"进程演变成为经济的"服务化""金融化""虚拟化"乃至"投机化"，最终导致虚拟经济崩溃，金融危机爆发。

（2）在模仿美国"去工业化""再工业化"的过程中，日本放大了美国"去工业化""再工业化"的政策失误，这是日本泡沫经济崩溃早于美国金融危机爆发，"泡沫"崩溃后日本经济长期未能走出困境，产业空心化进一步加剧，以及日本制造业从"日本制造等于高质量"的"神坛"上跌落的共同根源所在。

（3）日本在模仿美国"去工业化""再工业化"政策的过程中，不但放大了其政策失误，造成泡沫经济崩溃的严重后果，而且在美国开始纠正其政策失误时，日本仍沉迷于错误理念中不能自拔，"制造业毁灭日本""日本应继续进行经济金融化"的理念仍有极大的影响力，影响了日本经济发展正确方向的确立。

（4）要深刻汲取美国特别是日本"去工业化""再工业化"政策失误的经验教训，避免尚处于工业化进程中的中国重蹈其覆辙：服务业的发展不能脱离一国经济发展而人为的超前发展，使一国经济"服务化"；金融业本质的功能是服务于一国实体经济的发展，而不能脱离为实体经济服务的轨道独立运动，使一国经济"金融化"，甚至"投机化"；虚拟经济的发展不能超越实体经济发展的需要而盲目、独立、过度地发展，使一国经济"虚拟化"；制造业永远是每个国家经济增长根本的动力源泉，要始终强化制造业在一国实体经济发展中的核心地位的理念。

二、理论的创新

要为"去工业化""再工业化"进程中的一系列实践问题提供有效的解决方案或资政参考。

（1）拓展了"去工业化""再工业化"的内涵及其运行规律的研究。本书在对"去工业化""再工业化"的内涵进行深入研究的基础上，对"去工业化""再工业化"之间的关系进行了开拓性的研究。

（2）丰富了"去工业化""再工业化"的理论与实践问题的研究。本书在对日本的"去工业化""再工业化"的政策及其特征、美国"去工业化""再工业化"对日本的影响进行深入研究的基础上，对"去工业化""再工业化"进程中如何处理服务业的发展定位问题、金融业本质功能的定位问题、虚拟经济的发展与实体经济发展的关系问题、制造业在一国实体经济发展中的地位等问题进行了全面深入的创新性研究。

（3）结合中国工业化进程的实际，从汲取日本的"去工业化""再工业化"经验教训的角度对上述重大问题进行科学、深入的研究，以避免尚处于工业化进程中的中国重蹈美国，特别是日本"去工业化""再工业化"政策失误的覆辙。

三、研究方法的创新

（1）在理论研究中，本书采用跨学科的研究方法和历史比较的研究方法，将政治经济学、国际政治经济学、管理学、国际经济学、历史学等理论与方法运用于研究中，以确保研究结论的全面性和可靠性。

（2）在实证研究中，在充分调研、掌握第一手资料的基础上，运用ARIMA、GARCH等多种方法对日本"去工业化""再工业化"的经验教训进行实证分析，以确保研究结论的客观性和准确性。因此，本书的研究方法有着明显的创新性。

2 Chapter

第二章
"再工业化"：理论基础及其测度

第一节　理论基础

一、配第—克拉克定理

配第（Petty）在研究产业转移时提出，随着经济的不断深化发展，工业的地位将超过农业的地位，经过再度发展，商业服务业又将超过工业占据更重要的位置。随后学者们在配第理论的基础上进行深化，指出不仅产业地位会改变，各种资源也会发生转移，由第一产业转向第二产业，再转向第三产业。这种产业转移是自然发生的，即使干预也无法改变这一进程。英国经济学家克拉克（Clark）在三次产业划分的基础上，通过对多个国家和地区的经济情况与数据进行计算整理，提出了劳动力的转移路径，即随着社会和技术的进步，第一产业中的劳动者人数相对于第二产业的劳动者人数将减少，紧接着，第二产业的劳动者人数相对于第三产业的劳动者人数也将减少，如此形成了劳动力在不同产业间的转移配置。克拉克提出，一个国家的资本收益率越高，第一产业所占比重就越低，而第三产业所占比重则将不断提高。这就是所谓的"配第—克拉克"定理。

克拉克从需求的角度解释了产业间劳动力的转移现象。他认为，生产率的提高和对农产品需求的下降导致劳动力首先从第一产业转移；第二产业生产工具和生产方式的更新比第一产业更快，而人们对其产品需求的增长速度相对稳定或滞后于供给，也会引起第二产业过剩劳动力的转移。与第二产业相反，克拉克认为随着经济的增长和人们可支配收入的增加，第三产业的发展始终难以满足或滞后于人们日益增长的服务需求，大部分劳动力最终流向第三产业。图 2-1 显示了 20 世纪 60~80 年代主要发达资本主义国家劳动力产业结构的变化与比较，图中各国家的三产比例变化均与配第—克拉克定理的描述相一致。

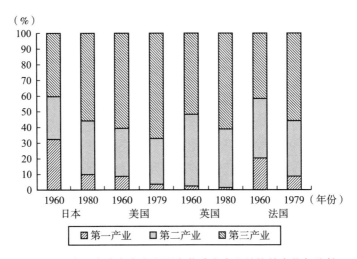

图 2-1　主要发达资本主义国家劳动力产业结构的变化与比较

资料来源：引自杨治《产业经济学导论》，根据库兹涅茨产业分类法编制。

随后各国学者对该理论进行了数据验证和更深入的研究，美国经济学家、统计学家库兹涅茨（Kuznets）在其《现代经济增长》《各国经济增长》等著作中，从数据统计的角度验证和分析了克拉克理论中劳动力就业结构变化的规律。他通过整理分析多国产业创收数据发现，随着一国经济和产业的发展，农业部门国民收入占国民总收入的比重不断下降，工业部门收入所占比重大体上升，服务部门的收入则视不同国家不同发展阶段而有所不同。同时，在劳动力结构等方面，大多数国家的数据支持了配第—

克拉克定理的内容：随着经济水平和劳动力素质的提高，劳动力不断由农村流入城市，根据市场配置，其就业也从农业转向工业，又由工业向以服务业为代表的第三产业汇集。

法国经济学家富拉斯蒂埃（Fourastié）认为，工业革命带来的科技进步解放了巨大的劳动生产力和生产潜力，农业机械化生产使得较少的劳动力可以生产足够的食物，农业生产力过剩，促使第一产业劳动力向其他产业转移。同时，在劳动力转移过程中，农业劳动力的数量减缓速度逐渐放慢趋于平稳，除了产业间转移，在产业内部尤其是第三产业也存在行业和部门间的转移。另一位法国经济学家索维尔（Sowell）从社会角度进一步探索配第一克拉克定理，认为劳动力的每一次转移都普遍伴随着个人收益的增加和社会地位的提升。劳动力转移的总体趋势初步呈现出由低产值产业（或部门）转向更高产值产业（或部门）的特征。

因此，根据配第一克拉克定理，一国在完成工业化后劳动力和资源会自然地由第二产业向附加值更高的第三产业流动和调整，即"自然的去工业化"，同时政府可以出台相应政策加快这一进程，即"人工的去工业化"。但若违背经济规律过度地将实体经济抽空，则会引起制造业颓靡和产业空心化等制约一国经济发展的现象。这就对一国政策的制定和实施提出了要求。如何才能适应经济发展规律更有效地进行产业调整和资源配置，如何在"去工业化"和"再工业化"摇摆不定的局面中找到适宜的平衡点，是日本政府目前所亟待解决的问题，也是中国在未来推进改革的过程中需要加以借鉴和研究的部分。

二、熊彼特创新理论

熊彼特（Schumpeter）在其所著的《经济发展理论》中强调了创新的重要性。他的创新理论主要有以下几个部分：第一，创新是在生产过程内部发生的。他指出，虽然有些经济生活的变动是由于投入了资本和劳动，但有些经济变化是不能用外部数据说明的，它发生于体系内部，这种变化就是创新。第二，创新并不是一种简单变化，而是一种革命性的改变，强调创新的突发和间断，强调创新对经济的动态影响。第三，创新的同时伴随着毁灭与破坏。新组织的产生意味着旧组织在竞争过程中被消灭，后来随着概念的不断外延和扩大，创新转变成了一种内部的自我更新。第四，创新的同时一定产生了新价值。如果创新之后并未得到应用那么它就是无用的，将发明和创新分开，要求创新的同时必须伴随着新价值的产生。第五，经济发展的本质就是创新。熊彼特认为经济有增长和发展之分，只有在质上产生新的影响才能称之为发展，发展始终改变着以前的均衡，是对旧均衡的一种干扰，所以这种发展本质是新的组合，在这一过程中实现了创新。第六，创新的主体是企业家。因为熊彼特把产生的新组合称为企业，那么实现这种组合的就是企业家，企业家的核心职能不再是单纯的经营，而是执行新组合，该界定旨在突出创新的特殊性。按照熊彼特所言，创新就是将新的生产要素和新的组合引入原有的体系，不断从内部革新的一种创造性破坏的过程。

随着世界科技发展的不断开拓，创新对经济发展的作用和贡献日益突出，在实践过程中学术界对熊彼特创新理论进行了更深一步的系统研究，形成了所谓的"新熊彼特主义"。在熊彼特创新理论的基础上，"新熊彼特主义"将其内容分为两个分支：一是以技术推广和变革为对象的技术创新经济学；二是以制度形成和变革为对象的制度创新经济学。两者主要从技术和制度的角度分别研究创新这一核心要素作为增长引擎在经济发展中的作用。从本质上看，两者存在相互促进与相互制约的关系：制度创新为技术创新提供良好环境和激励政策，技术的发展又反过来巩固制度创新的成效，共同拉动经济增长。

技术创新经济学将熊彼特创新理论同新古典学派的微观经济理论相结合，其研究主要经历三个阶段：一是以技术进步为变量解释宏观经济增长。以索罗增长模型为代表，指出技术进步对拉动经济增长的贡献与传统劳动或资本不同，前者是在提高社会生产率的影响下实现对经济整体宏观的提升。肯德里克（Kendrick）将这种技术进步称为"全要素生产率"。二是技术内生经济增长理论。以罗默（Romer）的内生增长模型为代表，他把技术进步与知识积累相联系，认为知识同劳动和资本一样为内生的独立因素，可以促进自身和其他因素产生递增收益，为企业发展和经济增长提供动力。三是技术扩散研究。以曼斯菲尔德（Mansfield）的技术推广模式为代表，他认为一项技术的推广得益于企业间的相互"模仿"，部门之间相继采用初创成果，使创新在整个行业甚至整个经济环境得到推广和应用。

以诺思（North）和托马斯（Thomas）等为代表的新制度经济学家将熊彼特创新理论在国家制度政策方面进行了延伸。他们认为，制度创新既有宪法秩序、市场规模、生产技术等方面的需求因素，也存在制度创新成本和收益方面的供给因素，其均衡则在两者的动态变化中实现，表现为个人与企业的创新需求与国家和政府的决策收益预期趋于一致，制度创新就在市场稳定发展的进程中不断得到推进。同时，在熊彼特提出的创新主体中，除一般意义上的商业企业家外，还存在政治企业家，后者谋求的不再是企业利润最大化，而是社会整体福利水平的提升，[①] 但在以创新为根本驱动力的经济发展中，政治企业家也肩负着制度创新的重任。

综合前人研究，汉施和皮卡（Hanush & Pyka，2007）提出了"综合新熊彼特经济学"，认为创新不仅在单一部门或系统内部产生和传递，而且在企业、政府和金融机构所组成的"三轴心"系统中协同演化，相互影响。[②]

熊彼特创新理论认为创新包含五个维度：（1）生产新的产品，即市场中还未出现或对已有产品附加新特性的产品；（2）生产产品的新方法，利用新技术或理论成果提高劳动生产率或产品质量；（3）开辟新的市场，包括尚未出现的市场或对已有市场开拓新的领域；（4）新的原材料或半制成品的供应来源，可以是控制原材料或半制成品的来源，也可以是发现和开创新的原材料或半制成品；（5）新的工业组织形式，如新生的垄断地位或原本垄断地位的瓦解。[③] 通过将熊彼特创新理论与"再工业化"内涵相结合，可以发现理论与实践存在诸多共通之处。结合图 2 - 2 所展现的作用机理，"再工业化"即是在重建原有工业体系的基础上，更进一步发展新型制造业，在此过程中必然涉及产品、市场和组织形式等方面的创新，即企

---

① 黄新华. 制度创新的经济学理论 [J]. 理论学刊，2014（1）：32 - 33.

② Horst Hanush，Andreas Pyka. Principles of Neo-Schumpeterian Economics [J]. Cambridge Journal of Economics，2007，31（2）：275 - 289.

③ 戴玲，张卫. 基于熊彼特创新视角的再工业化作用机制研究 [J]. 科技管理研究，2016（2）：50.

业、政府和金融机构通过产品创新、技术创新、材料创新、市场创新和组织创新五个方面实现制造业再造和繁荣的目标。

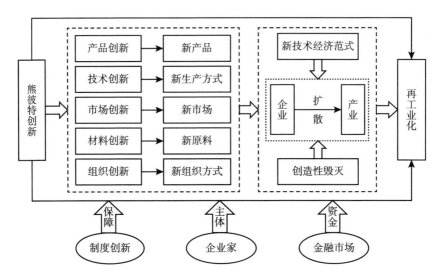

图 2-2　熊彼特创新理论下再工业化的作用机理

熊彼特创新理论同样可解释 20 世纪 80 年代日本空前繁荣的工业发展。例如，需求条件主导日本的电子产品发展迅速，在该领域日本企业发展较早，且国内有大量较高需求弹性和偏好的用户群体，行业内各企业纷纷推陈出新、更新换代，以满足不同消费者的需求，争夺更大市场份额的同时，在国际市场上一度引领电子产品的创新和升级趋势。此外，日本是一个资源相对贫乏的国家，大量原材料依赖进口，但政府十分重视基础教育和高端技术人才的培养，拥有丰富的高级生产要素，使其在产品能源利用效率的研发上别有建树，日本企业生产的各类电器、汽车的能源利用率遥遥领先于其他国家。20 世纪 70 年代爆发的能源危机对各国制造业造成重创，此时以低耗能、高产能、重环保为特点的日本产品迅速获得国际消费者的青睐，许多日本企业抓住机遇大力发展对外贸易，如索尼、松下、丰田等公司的工业品迅速占据国际市场份额。

日本"再工业化"的过程也是制造业企业回流、生产线本土重构的过程，即再次发展和利用熊彼特创新理论的各要素，重新建立产业竞争优势的过程。纵观当前美国、日本、德国等大力倡导工业再振兴的国家所颁布的产业政策，无一不是围绕资源要素、需求条件、营商和竞争环境等给予相关企业政策支持，因此熊彼特的创新理论虽然是 20 世纪世界主要发达国家工业化发展的历史经验，对当前发达国家的"再工业化"战略和落后发展中国家的工业化追赶进程仍具有十分重要的借鉴意义。

三、经济"脱实向虚"理论

马克思从政治经济学的角度指出，利息不外是利润即剩余价值的一部分①，即为生产活动提供资金支持的货币资本家所取得的利润是职能资本家所创造出的剩余价值的一部分。从本质上讲，现实社会中虚拟经济为实体经济服务，并参与生产利润即"剩余价值"的分配，虚拟经济的扩张同样也应建立在实体经济不断发展的基础之上，两者"各取所需"，形成良性互动。而随着经济和科技的发展，新型金融工具的不断涌现催生了虚拟经济的自我循环和自我强化机制，能够使资金在暂时脱离实体经济运转的情况下实现"价值增值"。但这种增值仅表现为资金的账面价值增长，并未以实体经济创造的剩余价值作支撑，是一种看似完整但十分脆弱、具有很强虚拟性质的经济增长（刘晓欣和张艺鹏，2019）。因此，当一国出现本应流向实体经济从事生产职能的资本转而滞留或逆流于虚拟经济系统中，并通过循环机制实现账面增值，进而引起实体经济持续衰退而虚拟经济过度繁荣的现象时，说明该国已陷入了经济"脱实向虚"的不利局面。

引起经济"脱实向虚"的原因诸多，而直接原因是虚拟经济的投资收益率高于实体经济的投资收益率。从实体经济角度，一方面，现代化生产的发展促使企业资本积累的递增和资本有机构成的提高，根据政治经济学的生产理论，实体企业利润率的下降符合客观生产规律。当企业的资产边际收益低于市场利率时，资金的逐利性会促使其自然地从实体产业流向回报率高的虚拟经济。另一方面，随着工业革命浪潮逐渐褪去，社会全要素生产率增长放缓、劳动力等要素成本不断上升等现状加剧了企业利润率的

---

① 马克思.剩余价值学说史：《资本论》（第四卷）[M].郭大力，等.上海：上海三联书店，2009.

下降，为了弥补收益损失，部分大企业和分散的中小企业被迫将本应作为生产性投资的资金绕过实体经济，转投到资本或货币市场以谋求额外回报，形成资金的"回流"，其账面利润也越来越依赖于虚拟经济的自我膨胀，而非实际物质财富的增长。从虚拟经济角度，一方面，从其自身来看，科技发展带动金融创新促使各种新型金融工具层出不穷，如抵押贷款支持证券、担保债务凭证（CDO）等极大地提高了资金流动性。金融机构通过向市场抵押放款、资产证券化和打包出售等方式将资金层层嵌套，不断扩大其资产负债表，为投资者带来丰厚回报的同时严重挤压了本应流向实体生产领域的资金，使其在虚拟经济中"空转"。另一方面，一国的政策偏向也会从外部对虚拟经济的扩张起到助推作用，如日本与美国签订"广场协议"、金融危机期间各国实行的经济刺激计划等宽松的货币政策，都在不同程度上影响了虚拟经济和实体经济的均衡，一味地注入流动性而忽视对资金的监管和调控，造成资金短期回报率上升但经济却"外热内冷"的现象（见图2-3）。

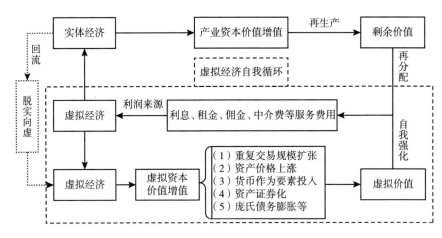

图2-3 虚拟经济自我循环与经济"脱实向虚"机制

经济运行的"脱实向虚"不仅会造成资源浪费，降低资源配置效率，同时加剧了中小企业"融资难、融资贵"的现实问题，导致实体经济"失血"，进而严重阻碍社会再生产的顺利进行和社会福利的提高。此外，虚拟经济的高收益吸引实业家纷纷背离再生产过程而热衷于投资、投机行为，导致过度的"去工业化"和"产业空心化"现象出现。更进一步，

"脱实向虚"加速了货币的资本化和资本的虚拟化，将虚拟经济和大量实体经济部门均纳入虚拟资本所掌控的资本积累轨道，极大地增加了经济体抵御冲击的不确定性，催生了经济"泡沫"，引发经济和金融危机，对一国乃至世界经济带来严重危害。

在美国和日本的"去工业化"进程中均出现了不同程度的经济"脱实向虚"现象，以日本最为典型。日本自20世纪六七十年代开启"去工业化"进程后不断将制造业向海外迁移，"广场协议"签订后日元大幅升值，国内兴起投机狂潮，带动以股市和房地产市场为代表的虚拟经济异常繁荣。从1985年底到1990年初，东京日经225指数从13083点上涨到38916点，增长近3倍，城市平均地价也翻了一番，然而狂热的虚拟经济背后是令人担忧的实体产业空心化，僵尸企业大量出现，严重阻碍了实体经济的发展。随后"泡沫"破裂，引发资本价值和股市暴跌，社会财富极度缩水，日本遭遇了长达近30年的经济衰退，至今仍未完全走出其阴影。美国在2007年底也经历了房地产市场和以此为基础的抵押贷款证券市场的过度繁荣，由此引发的金融危机随后波及全球。因此，一国既要在"去工业化"的进程中把握好政策制定和执行的方式、方法和力度，避免过度抽空实体经济使产业投资误入"脱实向虚"的歧途，也要在"再工业化"过程中重视实体经济在一国经济发展中的重要支撑作用，淘汰落后产能，创新发展推动实体经济转型升级，引导和确保虚拟经济始终为实体经济服务。

四、波特的钻石模型理论

钻石模型（diamond model）是分析国家和地区"竞争力"的宏观分析工具。它的提出者波特（Porter）在对10个相对发达国家和地区进行调查研究中发现，成功国家的优势产业多以集群的方式相互支持、联系和发展，形成"钻石体系"。"钻石模型"由四个基本要素和两个辅助要素组成。基本要素包括生产要素、需求条件、相关与支持性产业、企业战略及其结构以及同业竞争；辅助要素包括机会和政府。这些要素所构建的菱形关系，构成了钻石模型的最初形态，如图2-4所示。

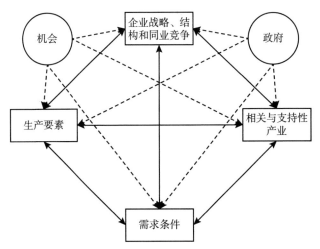

图 2 - 4　钻石模型理论图示

下面对四个基本要素和两个辅助要素进行简要介绍。

生产要素：包括初级生产要素和高级生产要素。初级生产要素指企业通过被动继承或者简单投资即可获得的资源，如区位优势、自然资源、低素质劳动力等；高级生产要素指企业需要在先期大量投资人力和资本后才能获得的资源，如科技优势、基础设施和高素质劳动力等。随着全球化程度的日益加深，企业可以通过国际贸易使初级生产要素的可获得性和流通性大大增加，与此同时，高级生产要素的重要性和不可替代性日益凸显，成为当今各国产业竞相发展的主要对象。波特还提出，适度的初级生产要素不足，可以激发当地企业的突破和创新，从而获得一定的竞争优势，典型的例子是荷兰的花卉种植业。但初级生产要素形成的竞争优势通常缺乏后继力量，要建立强势和持久的竞争优势，必须掌握和发展高级生产要素。

需求条件：主要是指一国内需市场，包括需求的规模、结构和增长态势。需求条件主要从两个方面影响产业竞争力。首先，需求规模对产业的发展举足轻重，庞大的市场和源源不断的需求使企业积极利用规模效应，谋取更多利润。但这种促进力量十分有限，到产业发展的成熟期，不同消费群体的需求结构成为产业创新和保持竞争力的最主要动力。随着国内商品市场的日益丰富，消费者会产生更高要求和更高标准的需求，这些需求压力在促使国内企业进行创新和研发的同时，也在一定程度上加强了东道国企业的国际竞争力，从而更利于企业对外出口。其次，预期需求是企业率先进入"优势开发区"的重要推动力，若国内消费者的需求领先于其他国家，国内相关企业可以迅速回应市场需求以率先抢占发展先机。

相关支持性产业：上下游产业之间良性互动形成的"产业集群"（industrial clusters）。波特认为，上下游产业之间会相互影响形成"提升效应"，更具竞争力的上游产业可以为下游产业提供更先进的原材料和技术等，反过来竞争性的下游往往具有更高的标准和要求，从市场需求的角度促使上游企业协同发展。这些相关支持性产业的良性互动，在钻石模型各因素和市场力量的作用下自发形成了"产业集群"。产业集群构成了资源流通和信息交流的优势网络，可以极大提高垂直产业链和周边配套产业的国内外竞争力。

企业战略、企业结构和同业竞争：指企业创立、组织和管理公司，以及应对同业竞争对手的策略。一个成功的企业需要在了解本国或东道国人文历史环境的基础上，因地制宜地培养差异化和本土化的产品。其间各国政府、企业和个人的发展目标都会直接或间接地影响企业对投资风险、资金利用等方面的态度，进一步形成企业经营战略和治理结构，这是企业竞争力的必要组成部分。对于同业竞争的影响，波特通过对10个经济发达国家进行实证研究，认为自由竞争是国家竞争力的源泉。激烈的国内自由竞争，可以刺激挑剔型客户和创新性供应商的出现，这种由良性竞争形成的竞争优势，又会吸引更多的资金和更优质的资源，最终形成相互联系又相互强化的"钻石体系"。

机会：机会极具偶然性，是不可控力的主要体现。基础科学和前沿科技的进步、全球性金融危机或战争的爆发、生产成本激增、全球或区域市场的供求失衡、外交和外贸环境变化等，都可能给一个国家的产业带来难得的发展机遇，甚至使其实现质的飞跃。突发性事件的结果一般具有两面性，对一些国家的产业造成冲击的同时，也为其他国家和企业在新环境中竞争优势的更替提供了可能。

政府：在钻石体系其他要素的基础上，调动有效资源对国家或企业竞争力起到统筹、引导作用的辅助角色。政府的辅助功能体现在以下几个方面：一是通过法律和执行力建立市场规范，为企业创造自由竞争和有序发展的产业环境；二是支持教育、科研、生态等公共事业，培养现代社会发展所必需的高级生产要素；三是依靠引导、扶持政策及政府采购等措施促进强势产业和优质企业的建立，从国家需求层面推进国内产业升级和技术创新。

波特钻石体系中的四大基本要素紧密联系，配合辅助力量和传导机制相互强化，形成一个动态更新和自我强化的竞争力增长机制。模型的出发点虽然聚焦于发达国家的经济学现象分析，但对于新兴的发展中国家同样具有极大的借鉴和参照意义。

波特的钻石模型较好地解释了近代主要发达国家产业优势的建立过程，但对于其他特殊的发达国家和大部分发展中国家而言，在尚未具备完整要素或要素间联合程度较低的现实条件下，其产业发展仍取得了一定成效。为了使钻石模型更好地解释各种类型国家产业优势发展的原因，国内外学者针对不同国家样本对模型进行了补充和延伸，主要分为加入新要素和扩充原模型两种类型。

对于在模型中加入新的生产要素，英国学者邓宁（Dunning，1993）基于 20 世纪 90 年代后国际贸易飞速发展的客观事实，认为跨国公司联通国内外生产要素的作用日益突出，因此将跨国公司的经济活动作为第三个辅助要素加入钻石模型中，以增强全球化生产对一国产业竞争优势的影响。而芮明杰（2006）在模型中加入了另一个核心要素——知识吸收与创新能力，他认为该因素是后发国家更快融入国际分工体系和保持产业竞争力的关键。韩国学者赵东成（Dong-SungCho，1994）在钻石模型的基础上提出了"九要素模型"，即保留了钻石模型的四个基本要素，并将其列为决定国际竞争力的物理因素，同时加入了四种人力因素，包括工人、政治家和官僚、企业家、职业经理和工程师，最后是外生的机遇因素。该模型着重强调了人力资源在欠发达国家和发展中国家建立后发优势中的重要作用，模型结构如图 2 - 5 所示。

扩充原模型最具代表性的理论是"双重钻石模型"和"一般化的双重钻石模型"。根据波特的原理论，决定企业竞争优势的各要素主要来源于母国的营商环境，即"单一钻石"。而鲁格曼和克鲁兹（Rugman & Cruz，1998）研究发现，"单一钻石"模型不适用于贸易开放的小国经济体，因其企业发展十分依赖贸易紧密国家的市场且面临强势的外商竞争。以加拿大为例，北美自贸协定签订后美国和加拿大经贸互通，在加拿大的企业的海外市场扩大，来自美国的同业竞争和外商投资也迅速增加，因此在分析加拿大产业竞争优势时须考虑其与美国的跨国经营活动，即从加拿大的"单一钻石"扩展到美加两国相结合的"双重钻石"。但双重钻石模型的局限性也很明显，其只适用于贸易往来密切的两国经济模型，蒙等（Moon et al.，1998）在此基础上提出"一般化的双重钻石模型"，即同时构建"国内钻石"和"国际钻石"，最终组成"全球钻石"，进一步强调企业的跨国经营活动对建立产业优势的重要性。

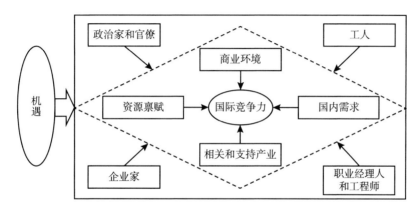

图 2 - 5　赵东成（Dong-SungCho）"九因素模型"图示

五、钱纳里工业化阶段理论

霍利斯·钱纳里（Hollis B. Chenery）对工业化进程的研究颇有建树，他提出一个重要观点：经济发展依赖于经济结构的转变。这种经济的结构性转变是全面且彻底的，为经济规模的发展提供强大动力和结构化支持。他通过考察多国制造业内部各产业部门地位和作用的动态变化过程，发现了产业间的关联效应和制造业内部结构转换的原因所在。此外，钱纳里对影响经济结构转变的内外部因素加以甄别和分析，根据目前工业化国家的发展经验和特点，以及对第二次世界大战后准工业化国家的历史资料和数据进行回归分析，总结了工业化进程的标准范式。钱纳里以人均国内生产总值为划分标准，将一个准工业化国家（一般为发展前景良好的发展中国家）从欠发达经济发展为成熟工业经济的过程按产业侧重的不同划分为三个阶段，同时在此基础上又细分为六个时期。他认为，一国工业化进程的阶段性突破，都是通过产业结构的转化来推动的。

结构转变的第一阶段，表现为初级产业在一国经济发展中居统治地位。在一国发展的初始阶段，人均收入水平较低，对工业制成品的需求严重不足，因此以农业为主的初级产业是经济增长的主要来源。代表性产业为以食品、皮革、纺织等自然资源为依托的农业和轻工业部门。鉴于该时期为经济发展的起步阶段，产品附加值中农产品的比重较高，因此劳动力增长加快，但全要素生产率增长甚微，资本积累增长也维持在低速或中速状态。

该阶段又可细分为不发达经济阶段和工业化初期阶段。前者产业结构以农业为主，没有或极少有现代工业，生产力水平很低；后者的产业结构在前者基础上开始向以现代化工业为主的工业化结构转变，除传统初级产品外，烟草、采掘、建材等劳动密集型产业相继兴起。

结构转变的第二阶段，经济重心由初级产品生产向工业生产转移，表现为制造业部门成为推动经济发展的中坚力量。随着技术水平和人均收入的不断提高，农产品等初级产品在社会需求中的占比不断下降，制造业对增长的贡献逐渐超过初级产品生产的贡献。代表性产业为非金属矿产品、橡胶制品、木材加工、石油、化工、煤炭制造等重工业部门以及新兴的第三产业。在此期间，受利益驱使和资源配置的影响，资本和劳动不断从生产率较低的农业部门向生产率较高的工业部门转移，资本积累的速度和回报持续高涨。

该阶段可细分为工业化中期阶段和工业化后期阶段。前者的制造业结构由轻型工业向重型工业转变，非农业劳动力开始占主体。经济环境整体表现出重化工业为主、轻工业为辅的特点，该阶段产业由劳动密集型向资本密集型转变。得益于工业革命带来的技术进步，全要素生产率、资本和资源的利用率迅速提高，同时与其相匹配的第三产业开始蓬勃发展。在第一产业、第二产业协调发展的工业化后期阶段，第三产业由平稳增长转入持续高速增长，其在经济结构中的占比和经济贡献呈不断赶超重化工业的趋势，成为区域经济增长的潜在重要力量。其中发展最快的是新兴服务业为代表的产业，如金融、信息、广告、公用事业、咨询服务等。

结构转变的第三阶段，对经济发展起主要作用的制造业部门是以服装和日用品、印刷出版、粗钢、纸制品、金属制品和机械制造为代表的后期产业。制造业产品的收入弹性开始减少，在国内总需求中所占份额也开始下降，要素投入的综合贡献减少。技术密集型产业迅速发展，劳动力素质不断提高，高新技术逐渐成为经济发展的核心动力。

该阶段同样可分为两个时期，即后工业化社会和现代化社会。前者的制造业结构由资本密集型产业为主导向以技术密集型产业为主导转换，同时人们的生活方式更加现代化，恩格尔系数降低，高档耐用消费品的使用日渐普及，逐步进入现代化社会。第三产业继续发展并开始分化，知识密集型产业开始从服务业中分离出来，并占主导地位。此外，随着人们消费水平的提高，消费欲望日益多样，在注重产品数量和品质外更加追求个性的表达。

总结上述工业化阶段理论，钱纳里认为，工业化程度一般可通过国内生产总值中制造业份额的变化来度量。在一国发展的初期，主要靠出口初级产品进行交换来满足内在的工业需求；工业化处于发展的中期，发生了初级产品生产向制造业生产和劳动密集型产业向资本密集型产业的明显转变。到发展的末期，制造业的长势趋于停止，因为制成品最终需求的增长速度难以赶上国民收入的增长速度，取而代之的是以技术密集型为代表的高端制造业和第三产业（见图2-6）。

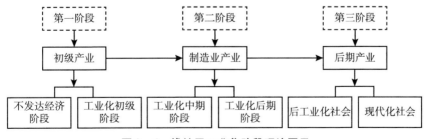

图2-6 钱纳里工业化阶段理论图示

钱纳里在提出经济发展依赖于经济结构转变这一创造性思想的同时，对一国经济发展中实现产业结构调整和转变的途径及机制进行了细致分析。根据经济学基本原理和历史发展经验，钱纳里通过模型分析将一国制造业内部产业结构的升级和调整归纳为积累、资源配置、人口与分配三个主要过程，不同因素之间相互联系、相互作用，并从不同的着力点对结构调整产生影响。这些结构的总体性转变构成推动整体经济发展的主要动力。

1. 产业结构调整中的积累过程

（1）资本对产业结构调整的作用机制分析。随着经济的发展和居民生活水平的提高，资本积累速度加快，而受制于人口增长速度不断降低，劳动力积累速度逐渐减缓，当资本积累的增速超过劳动力积累的增速时，经济发展呈现出资本深化的特点。纵观世界经济发展史，资本深化的过程普遍存在，符合经济发展的一般规律。资本的积累使人们对投资回报产生更高的需求，促使资本从劳动密集型的生产部门向资本密集型的生产部门转移，表现为一国产业结构中制造业比重超过农业比重。随着资本积累程度进一步加深和资本边际生产率的下降，资本又向技术密集型的高新技术产业转移，从而使一国的产业结构呈三次产业依次成为主导产业的变化趋势。

（2）政府收入对产业结构调整的作用机制分析。相比于市场机制，政府在产业结构的调整过程中多起到辅助作用，但随着政府规模的不断扩大及其带动和引导一国经济发展的作用日益凸显，以税收为基础的政府收入对产业结构升级带来的主观影响不容忽视。政府收入主要来源于对企业和个人征收的税款，而按照一般国家的税收结构和计税基准，对国际贸易、采矿业、制造业等部门的征税较传统部门更加容易。政府为获得更多的财政收入，会倾向于通过政策引导、资源调度和财政补贴等方式，鼓励对经济增长有更高贡献度的产业和领域发展。在这种机制和倾向的影响下，一方面相关制造业和服务业等现代产业规模更易扩大，产业结构在此过程中不断升级；另一方面这一变化又会反过来增加政府收入，从而进一步加强政府的政策倾向，实现双向的强化关系。因此从上述分析看，政府层面更有动力实施一系列产业政策促进产业结构不断升级。

（3）教育对产业结构调整的作用机制分析。钱纳里在分析产业结构调整的过程中将教育水平视为一个独特的因素。随着可支配收入的增加，个人不满足于从事报酬较低的简单劳动，对教育的需求不断攀升，以求掌握知识和技术从事更高报酬的复杂劳动。教育水平的提高可以显著提升劳动力素质和改善劳动力结构，在传统部门从事简单劳动的劳动力在接受高等教育后可向以技术和知识为基础的现代部门转移，即实现劳动力自发地由农业向制造业和以服务业为主的高新技术产业转移，从而以劳动力素质提高为内因推动产业结构依次升级。

2. 产业结构调整中的资源配置过程

（1）消费结构对产业结构调整的作用机制分析。消费结构的变化表现为随着经济水平的提高人们的收入不断增加，对食品等生活必需品的需求逐年减少，而对耐用品、奢侈品、教育和旅游等提高生活质量的产品与服务需求逐年旺盛。这种消费结构的需求变化必然影响供给端的生产结构和产业分布，即受消费需求的拉动，生产粮食的农业和生产生活必需品的轻工业及其附属产业的比重出现萎缩，而生产耐用品、奢侈品的高端制造业和提供服务性商品的第三产业不断扩张。

（2）贸易结构对产业结构调整的作用机制分析。钱纳里指出，国际贸易可以充分调动一国资源禀赋和比较优势来拉动经济增长。伴随一国经济发展，其国际贸易结构也会发生变化，表现为出口商品以原材料和初级产品为主，逐步发展为以加工半成品、工业制成品为主，进一步发展为以专利、知识产权等无形产品为主的对外输出模式。全球化的经济环境下，各发达国家面临激烈的产品竞争，各国政府需要不断制定与时俱进的国家发展规划和以高新技术为主导的产业政策来维持国际经济地位。对于众多的发展中国家来说，其出口产品多为利润微薄的原材料、初级加工品或半制成品，且十分依赖发达国家的进口工业制成品，又在很大程度上受制于前沿国家的专利产权限制和技术壁垒，因此在国家贸易中往往处于不利地位。这就促使发展中国家积极利用后发优势进行产业结构的转型，鼓励工业制成品、技术及服务的发展和出口，在改善自身贸易结构的同时实现产业结构优化升级，以缩小与发达国家间的差距。

3. 产业结构调整中的人口与分配过程

（1）人口分配对产业结构调整的作用机制分析。人口配置主要指各生产部门劳动力就业人数及比例，各部门人员就业的结构变化反映了劳动力的转移过程，而变化的根本原因在于技术和生产率的差异。一般来说，农业的低劳动生产率和低门槛使其较容易获得充足的劳动力，过剩的农业人口向具有更大潜在生产力的工业部门转移。这种人口转移一方面维持了农业已饱和的生产效率，同时加速了工业部门的人力资本积累，同理这种逐层升级的转移机制也促使劳动力最终流向服务业。技术和生产率的差异促使劳动力在部门间转移，为各部门发展和产业结构升级提供动力与人员支持。

（2）城市化对产业结构调整的作用机制分析。城市化是一国经济发展的必经过程，人口从农村向城市转移的过程也体现了劳动力和资本向产业中心集聚。城市化的原因众多，从产业分布来看，生产率较高的工业和服务业多集中于城市，人口配置引起的劳动力转移自然使人员不断流向城市产业群；从基础设施建设来看，城市相较于农村拥有更先进、完善和配套的基础设施，可以提供劳动力进行技能施展的载体，促使人们进入城市追求更高的自我价值和生活水平；从消费需求来看，随着可支配收入的提高，城市更能满足人们日益增长的对耐用品、奢侈品以及各种个性化服务的消费需求。从上述原因中可以看出，城市化发展与产业结构调整存在双向的促进关系，产业结构升级是城市化进程的前提和动力，而城市化带来的人口和资本集聚也进一步加快了产业结构的优化升级，如图 2 - 7 所示。

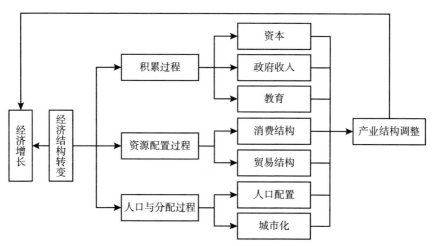

图 2 - 7　制造业产业结构调整的内在机制

相比于配第—克拉克定理，钱纳里的工业化阶段理论从多个方面更细致地揭示了产业重心从第一产业向第二、第三产业依次递进的内在机制。发达国家的经济发展历程无不伴随着经济结构的深刻变化，工业革命释放的生产力和技术的持续创新促使一国资本与劳动力不断流动和重组，进而调整产业结构再创造出新的发展动力。产业结构适应经济发展水平会促进经济的持续发展，否则会产生阻碍作用，陷入经济发展的"瓶颈"期。钱纳里工业化阶段理论带给我们的主要启示是：一国要制定合理有效的产业政策，确保产业结构及时调整以适应经济发展的速度和质量要求。尤其在延伸部分提到的政府收入、教育和消费及贸易结构等对产业结构调整的作用机制分析，对于一国制定"再工业化"的宏观发展规划或微观产业政策具有十分重要的理论和实践意义。

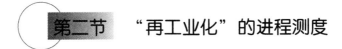

第二节　"再工业化"的进程测度

本书综合前述四个经济理论，即配第—克拉克定理、熊彼特创新理论、经济"脱实向虚"理论和钱纳里工业化阶段理论，对"再工业化"进程建立指标体系加以度量。在此将"再工业化"水平测度的指标体系分成三个层次，分别是目标层、准则层和指标层（见图2-8）。

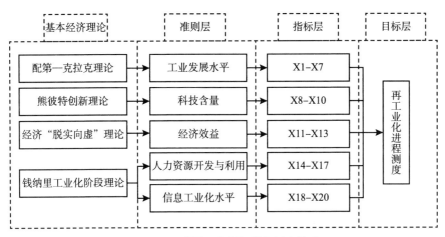

图2-8　"再工业化"进程测度体系

目标层是指标体系的最高层,表示"再工业化"进程。目标层下包含五个准则层,分别是工业发展水平、科技含量、经济效益、人力资源开发与利用和信息工业化水平。工业发展水平对应配第—克拉克定理,科技含量对应熊彼特创新理论,经济效益对应经济的"脱实向虚"过程,人力资源开发与利用和信息工业化水平则对应钱纳里工业化阶段理论。

一、"再工业化"进程测度体系构建

1. 测度指标的选择

准则层下对应 20 个指标,具体指标体系的结构和内容如表 2-1 所示。

表 2-1　　　　　　　　　　再工业化指标体系

分类	序号	指标	单位
工业发展水平	1	X1　人均 GDP	美元
	2	X2　非农就业率	%
	3	X3　第一产业增加值占 GDP 比重	%
	4	X4　第三产业增加值占 GDP 比重	%
	5	X5　工业增加值占 GDP 比重	%
	6	X6　城镇化率	%
	7	X7　进出口额占 GDP 比重	%
科技含量	8	X8　R&D 经费支出占 GDP 比重	%
	9	X9　中高科技产业占制造业产值比重	%
	10	X10　知识产权产值占 GDP 比重	%
经济效益	11	X11　制造业劳动生产率	%
	12	X12　制造业生产力指数	—
	13	X13　工业生产指数	—
	14	X14　生产工人工资指数	—
人力资源	15	X15　劳动参与率	%
	16	X16　失业率	%
	17	X17　教育经费占 GDP 比重	%

续表

分类	序号	指标	单位
	18	X18　信息和通信产业增加值占 GDP 比重	%
信息水平	19	X19　信息从业人员占总就业人数比重	%
	20	X20　信息和通信产业增加值占工业增加值比重	%

2. 测度方法的选择

"再工业化"进程测度的指标体系中的关键部分是各指标权重的确定。如果某项测度指标权重的分配发生变化，则其在"再工业化"进程测度中的重要程度就会相应改变，从而直接影响综合测度结果的可靠性。

根据国内外研究成果，权重测定方法主要包括主观赋权法和客观赋权法两大类。客观赋权法如主成分分析法、因子分析法、离差法等，主要根据客观信息确定权重，但却忽略了决策者的主观信息，得到的权重很可能与研究对象的现实状况有较大偏颇，使得在赋权时最重要的指标未必能得到最大权重。主观赋权的方法主要有两大类，一是层次分析法，二是德尔菲法，其缺陷在于客观性不足，但可通过后续的检验在理论层面确保主观评价的合理性。基于以上对客观赋权法和主观赋权法优缺点的分析，本书决定采用主观赋权法中的层次分析法确定权重，并对赋权结果进行合理性检验，以确保主观性和客观性相结合。

3. 目标权重的确定

层次分析法（analytic hierarchy process，AHP）是美国著名运筹学家托马斯·萨蒂（T. L. Saaty）于 20 世纪 70 年代提出的，它合理地将定性和定量的决策结合在一起，是一种先分解后综合的统计方法。其基本原理是把研究的问题看作一个大系统，分别对系统中多个因素进行分析，并依据各个因素相互联系的紧密程度将系统划分为多个层次；然后请权威人士对每一个层次和指标打分，进行重要性排序，即可得到指标权重初步的定量表示；之后构造矩阵，得出每一个指标相对于更高层级被解释指标的贡献程度，再通过数学运算将其标准化，得出每一个指标相对于被解释指标相对重要性的权值；最后综合得出评价结果。运用层次分析法赋权时，要先对指标层各指标赋权，再对准则层指标赋权，各单独指标对总目标的权重由各指标单独权重与准则层权数相乘得到。

对指标层各项指标赋权。应用萨蒂的"1~9标度法"来反映指标的相对重要程度，如表2-2所示。

表2-2 萨蒂"1~9标度法"

相对重要性	定义	说明
1	同等重要	两者对目标贡献相同
3	稍微重要	稍有差异
5	基本重要	有差异
7	确实重要	差异明显
9	绝对重要	重要性差异
2、4、6、8	相邻两种程度之间	需要折衷时使用

判断矩阵 A 有性质：$a_{ij} > 0$，$a_{ij} = 1/a_{ji}$，$a_{ii} = 1$。

将赋值后的指标进行整理，进而得到以下判断矩阵：

$$X = \begin{pmatrix} x_{11} & \cdots & x_{1n} \\ \vdots & \ddots & \vdots \\ x_{n1} & \cdots & x_{nn} \end{pmatrix} = (x_{ij})_{n \times n}$$

运用几何平均法对矩阵 $X = (x_{ij})_{n \times n}$ 求出特征向量并进行一致性检验，步骤如下：

（1）求解特征向量。计算出矩阵中每行向量的乘积，求出几何平均值 W_i，并标准化得到 $\overline{W_i}$，进一步得到一个 n 维向量（$\overline{W_1}$，$\overline{W_2}$，$\overline{W_3}$，$\cdots$，$\overline{W_n}$），其中 $\overline{W_i}$ 为所求的特征向量（权重向量）的第一个分量。

$$W_i = \sqrt[n]{\prod_{j=1}^{n} x_{ij}} \quad i = 1,2,3,\cdots,n$$

$$\overline{W_i} = \frac{W_i}{\sum_{i=1}^{n} W_i} \quad i = 1,2,3,\cdots,n$$

（2）一致性检验。为了检验计算所得到的权重是否合理，需要对其进行一致性检验，检验公式为：

$$\lambda_{\max} = \frac{1}{n} \sum_{i=1}^{n} \frac{\sum_{i=1}^{n} x_{ij} \times \overline{W_i}}{\overline{W_i}}$$

$$CI = \frac{\lambda_{\max} - n}{n - 1}$$

其中，$\lambda_{\max}$ 为矩阵运算得到的最大特征根，CI 为偏差一致性指标，RI 为平均随机一致性指标（见表 2-3）。CR 为随机一致比率，当 $CR < 0.1$ 时，表明计算的矩阵权重有良好的一致性，说明赋权合理；如果 $CR \geqslant 0.1$，则需要对 X 进行调整，直到 $CR < 0.1$ 为止。

表 2-3　　　　　　　　　平均随机一致性指标 RI

n	1	2	3	4	5	6	7	8	9
RI	0	0	0.52	0.89	1.12	1.26	1.36	1.41	1.46

对准则层指标进行赋权，同样应用萨蒂"1~9 标度法"，两两比较构造出判断矩阵 Y：

$$Y = \begin{pmatrix} y_{11} & \cdots & y_{1n} \\ \vdots & \ddots & \vdots \\ y_{n1} & \cdots & y_{nn} \end{pmatrix}$$

求解 Y 特征向量，选用算术平均法，首先将 Y 归一化，有：

$$Y' = \begin{pmatrix} y_{11} \Big/ \sum_{i=1}^{n} y_{i1} & \cdots & y_{1n} \Big/ \sum_{i=1}^{n} y_{in} \\ \vdots & \ddots & \vdots \\ y_{1n} \Big/ \sum_{i=1}^{n} y_{i1} & \cdots & y_{nn} \Big/ \sum_{i=1}^{n} y_{in} \end{pmatrix}$$

归一化后，将上述矩阵各行相加，得到一个 n 维列向量，继续对此列向量做归一化处理，最后得到准则层指标体系的权数分布向量（γ_1，γ_1，$\cdots$，γ_n），运用与上面相同的方法进行一致性检验，判断权数的合理性。

参考国内外相关文献，结合专家意见并根据日本实际情况，分别构造出工业发展水平、科技含量、经济效益、人力资源开发与利用、信息工业化水平的判断矩阵：

$$X_1 = \begin{pmatrix} 1 & 3 & 8 & 5 & 5 & 1 & 3 \\ 1/3 & 1 & 7 & 3 & 2 & 1/2 & 2 \\ 1/8 & 1/7 & 1 & 1/2 & 2 & 1/4 & 1/4 \\ 1/5 & 1/3 & 2 & 1 & 2 & 1/3 & 1/2 \\ 1/5 & 1/2 & 1/2 & 1/2 & 1 & 1/4 & 1/2 \\ 1 & 2 & 4 & 3 & 2 & 1 & 6 \\ 1/3 & 1/2 & 4 & 2 & 2 & 1/6 & 1 \end{pmatrix}, \ X_2 = \begin{pmatrix} 1 & 1/2 & 1/3 \\ 2 & 1 & 1/2 \\ 3 & 2 & 1 \end{pmatrix},$$

$$X_3 = \begin{pmatrix} 1 & 1/2 & 1/4 & 1/3 \\ 2 & 1 & 1/3 & 1/2 \\ 4 & 3 & 1 & 2 \\ 3 & 2 & 1/2 & 1 \end{pmatrix}, \ X_4 = \begin{pmatrix} 1 & 1 & 6 \\ 1 & 1 & 6 \\ 1/6 & 1/6 & 1 \end{pmatrix}, \ X_5 = \begin{pmatrix} 1 & 2 & 1/2 \\ 1/2 & 1 & 1/3 \\ 2 & 3 & 1 \end{pmatrix}.$$

在构造出上述五组指标层的判断矩阵后，按照前面介绍的层次分析法计算。

第一步，根据公式 $W_i = \sqrt[n]{\prod_{j=1}^{n} x_{ij}}$ 对判断矩阵各行求几何平均值，分别得到以下向量：

$W_1 = (2.9177, \ 1.6097, \ 0.3779, \ 0.6409, \ 0.4387, \ 2.4794, \ 0.8906)$

$W_2 = (0.5504, \ 1.0000, \ 1.8171)$

$W_3 = (0.4519, \ 0.7598, \ 2.2134, \ 1.3161)$

$W_4 = (1.8171, \ 1.8171, \ 3.3019)$

$W_5 = (1.0000, \ 0.5504, \ 1.8171)$

第二步，将上面求出的列向量标准化，得到指标权数向量如下：

$\overline{W_1} = (0.3119, \ 0.1721, \ 0.0404, \ 0.0685, \ 0.0469, \ 0.2650, \ 0.0952)$

$\overline{W_2} = (0.1634, \ 0.2970, \ 0.5396)$

$\overline{W_3} = (0.0953, \ 0.1603, \ 0.4668, \ 0.2776)$

$\overline{W_4} = (0.2620, \ 0.2620, \ 0.4760)$

$\overline{W_5} = (0.2970, \ 0.1634, \ 0.5396)$

第三步，验证权数的可信度：

$$\lambda_{\max 1} = \frac{1}{n} \sum_{i=1}^{n} \frac{\sum_{i=1}^{n} x_{ij} \times \overline{W_i}}{\overline{W_i}} = 7.0539$$

$$CI_1 = \frac{\lambda_{\max 1} - n}{n - 1} = 0.0098$$

查表可得，$RI = 1.32$，所以 $CR = CI/RI = 0.0075 < 0.1$，因此认为判断矩阵 X_1 的一致性可以接受。同理可得：

$$\lambda_{\max 2} = 3.0776, \ CI = 0.0338, \ RI = 0.85, \ CR = 0.0456$$

$$\lambda_{\max 3} = 4.0054, \ CI = 0.0018, \ RI = 0.94, \ CR = 0.0019$$

$$\lambda_{\max 4} = 3.0325, \ CI = 0.0162, \ RI = 0.85, \ CR = 0.0191$$

$$\lambda_{\max 5} = 3.0697, \ CI = 0.0349, \ RI = 0.85, \ CR = 0.0411$$

上面的检验结果显示，各个指标的赋权都通过了一致性检验。在构造了指标层权重后，下面对准则层五大效应进行赋权。

第一，准则层有工业化水平、科技含量、经济效益、人力资源开发利用和信息工业化水平五大综合指标，两两比较综合指标的重要性，构造出判断矩阵：

$$X' = \begin{pmatrix} 1 & 2 & 3 & 5 & 2 \\ 1/2 & 1 & 2 & 4 & 1 \\ 1/3 & 1/2 & 1 & 2 & 2 \\ 1/5 & 1/4 & 1/2 & 1 & 1/2 \\ 1/2 & 1 & 1/2 & 2 & 1 \end{pmatrix}$$

将 X' 归一化，得到：

$$X'_{ij} = \begin{pmatrix} 0.3948 & 0.4211 & 0.4286 & 0.3571 & 0.3077 \\ 0.1974 & 0.2105 & 0.2857 & 0.2857 & 0.1538 \\ 0.1303 & 0.1053 & 0.1429 & 0.1429 & 0.3077 \\ 0.0790 & 0.0526 & 0.0714 & 0.7143 & 0.0769 \\ 0.1974 & 0.2105 & 0.0714 & 0.1429 & 0.1538 \end{pmatrix}$$

将归一化后的矩阵按行相加得到一个 5 维列向量：

$$(1.9093, \ 1.1331, \ 0.8291, \ 0.9942, \ 0.7760)$$

将归一化后的矩阵再做归一化处理，就可得到五大准则指标的权重分配向量：

$$\overline{W_{x'}} = (0.3384, 0.2008, 0.1470, 0.1762, 0.1375)$$

用相同的方法检验权数的可信度：

$$X'_{ij} \times \overline{W_{x'}} = \begin{pmatrix} 0.3948 & 0.4211 & 0.4286 & 0.3571 & 0.3077 \\ 0.1974 & 0.2105 & 0.2857 & 0.2857 & 0.1538 \\ 0.1303 & 0.1053 & 0.1429 & 0.1429 & 0.3077 \\ 0.0790 & 0.0526 & 0.0714 & 0.7143 & 0.0769 \\ 0.1974 & 0.2105 & 0.0714 & 0.1429 & 0.1538 \end{pmatrix} \times \begin{pmatrix} 0.3384 \\ 0.2008 \\ 0.1470 \\ 0.1762 \\ 0.1375 \end{pmatrix}$$

$$= \begin{pmatrix} 0.3428 \\ 0.2035 \\ 0.1156 \\ 0.1747 \\ 0.1469 \end{pmatrix}$$

$$\lambda_{\max} = \frac{1}{n} \sum_{i=1}^{n} \frac{\sum_{j=1}^{n} X'_{ij} \times \overline{W_{x'}}}{\overline{W_{x'I}}} = 5.1116, \quad CI = \frac{\lambda_{\max 1} - n}{n - 1} = 0.0279$$

$$RI = 0.85, \quad CR = 0.0328$$

$CR = 0.0328 < 0.1$，因此通过了一致性检验，权重设置合理。

根据上述分析可整理得到各指标体系权重分布（见表2-4）。

表2-4　　　　　　　　　"再工业化"具体指标权重

指标	I_1	I_2	I_3	I_4	I_5	W_i
	0.3384	0.2008	0.1470	0.1762	0.1375	I_lX_l
X1	0.3119					0.1055
X2	0.1721					0.0582
X3	0.0404					0.0137
X4	0.0685					0.0232
X5	0.0469					0.0159
X6	0.2650					0.0897
X7	0.0952					0.0322
X8		0.1634				0.0328

指标	I_1	I_2	I_3	I_4	I_5	W_i
X9		0.2970				0.0596
X10		0.5396				0.1084
X11			0.0953			0.0140
X12			0.1603			0.0236
X13			0.4668			0.0686
X14			0.2776			0.0408
X15				0.2620		0.0462
X16				0.2620		0.0462
X17				0.4760		0.0839
X18					0.2970	0.0408
X19					0.1634	0.0225
X20					0.5396	0.0742

因此，"再工业化"综合指标公式可表示为：

$$RII = 0.3384I_1 + 0.2008I_2 + 0.1470I_3 + 0.1762I_4 + 0.1375I_5$$

其中，RII 表示再工业化综合指数，$I_1 \sim I_5$ 分别表示工业发展水平、科技含量、经济效益、人力资源开发与利用和信息工业化水平。五个准则指标中，最能反映"再工业化"发展水平的是工业发展水平和科技含量；二十个次级指标中，最能反映"再工业化"发展水平的是人均 GDP 和城市化率。

二、日本"再工业化"的进程判定

1. 模型建立

为评价日本"再工业化"进程和成效，需建立相应的数学模型加以量化。模型的主要思路是通过确定"再工业化"指标的标准值和实际值，计算出加权后的个体指标贡献度，最后综合计算得到总的指数，计算公式为：

$$K = \frac{\sum \left[X(\text{指标值}) / X_0(\text{标准值}) \right] \times f(\text{权数})}{\sum f(\text{权数})}$$

其中，K 表示"再工业化"进程综合评价指数，指标值为某年的实际值，标准值用平均值代替。确定了时间段和各指标的数值，运用该模型即可将某一地区的工业化进程或效果数字化，实现对地区工业化进程的动态评价。

根据计算结果，对日本"再工业化"发展阶段进行划分。采用目前研究中常用的判断标准来界定发展阶段：当 $K > 1$ 时，工业化进入高级阶段；当 $0.6 < K < 1$ 时，界定为工业化中级阶段；当 $K < 0.6$ 时，界定为工业化初级阶段。确定了各项指标的权数和判断标准后，即可对日本"再工业化"进程进行测度。

2. 数据分析

以亚洲金融危机为历史节点，通过对日本 1998～2017 年"再工业化"进程中各指标数据的分析，发现日本"再工业化"进程有以下特点。

第一，从表 2-5 和表 2-6 可以看出，日本整体产业结构并未产生较大改变。第一产业增加值占 GDP 比重在缓慢下降，但第二产业和第三产业之间的结构性问题仍然存在。第三产业增加值占 GDP 比重在 1998～2013 年稳步提升，之后略微下降，维持在 70% 左右；而工业增加值占 GDP 比重在 1998～2012 年一直处于下降状态，自 2012 年日本政府实施一系列力度较大的"再工业化"政策后，占比迅速回升。日本非农业就业率和城镇化率始终处于上升阶段，而进出口总额占 GDP 比重波动幅度较大，2008 年金融危机带来较大冲击，随后缓慢回升，但尚未恢复到危机前水平。

表 2-5　　　　　　　　日本工业发展水平指标体系（1）

年份	第一产业增加值占 GDP 比重（%）	第三产业增加值占 GDP 比重（%）	工业增加值占 GDP 比重（%）
1998	1.63	64.92	33.55
1999	1.60	65.75	33.04
2000	1.54	65.86	32.76
2001	1.38	66.89	31.27
2002	1.39	68.06	30.54

年份	第一产业增加值占 GDP 比重（%）	第三产业增加值占 GDP 比重（%）	工业增加值占 GDP 比重（%）
2003	1.31	68.35	30.42
2004	1.24	68.51	30.30
2005	1.13	68.96	30.20
2006	1.09	68.95	29.98
2007	1.06	69.09	29.88
2008	1.06	69.77	29.01
2009	1.08	71.53	27.27
2010	1.10	70.21	28.44
2011	1.08	71.54	26.88
2012	1.14	71.59	26.75
2013	1.10	71.35	26.94
2014	1.06	70.49	27.69
2015	1.11	69.30	29.02
2016	1.21	69.33	28.91
2017	1.19	69.12	29.14

资料来源：根据 CEIC 数据库、世界银行资料整理。

表 2－6　　　　　　日本工业发展水平指标体系（2）

年份	人均 GDP（美元）	非农就业率（%）	城镇化率（%）	进出口额占 GDP 比重（%）
1998	31915.74	95.14	78.40	16.54
1999	36039.08	95.25	78.52	15.94
2000	38535.59	95.40	78.65	17.58
2001	33850.88	95.54	79.99	17.47
2002	32300.67	95.77	81.65	18.28
2003	34831.20	95.79	83.20	19.19
2004	37696.72	95.83	84.64	21.19
2005	37223.77	95.93	85.98	23.39
2006	35463.87	96.19	87.06	27.06

续表

年份	人均 GDP （美元）	非农就业率 （%）	城镇化率 （%）	进出口额 占 GDP 比重（%）
2007	35342. 48	96. 32	88. 01	29. 54
2008	39453. 49	96. 52	88. 91	30. 72
2009	41014. 19	96. 65	89. 74	21. 59
2010	44673. 61	96. 90	90. 52	25. 61
2011	48168. 80	97. 10	91. 25	27. 20
2012	48632. 90	96. 58	91. 90	27. 16
2013	40490. 16	96. 80	92. 49	30. 01
2014	38156. 33	97. 03	93. 02	30. 94
2015	34568. 93	97. 14	93. 50	28. 99
2016	38804. 86	97. 23	93. 93	25. 39
2017	38344. 02	96. 92	94. 32	28. 19

资料来源：根据 CEIC 数据库、世界银行、日本总务省统计局、国际货币基金组织、经济合作与发展组织资料整理。

第二，从表 2-7 可以看出，日本研究与开发（R&D）经费支出占 GDP 比重比较稳定，没有明显的增长或下降。中高新技术产业增加值在经历两次危机后都能迅速调整回升，且近十年一直维持在 56% 的水平，说明日本中高新技术产业发展态势十分稳定。日本的文化输出产业和输出模式日益受到世界瞩目，核心版权产业逐渐成为日本吸纳就业的重要行业，2005 年后知识产权产值占 GDP 的比重一直在 5% 以上，并仍有较明显的增长趋势。

表 2-7　　　　　　　　　日本科技含量指标体系

年份	R&D 经费支出 占 GDP 比重（%）	中高科技产业 占制造业产值比重（%）	知识产权产值 占 GDP 比重（%）
1998	2. 98	51. 12	4. 32
1999	3. 11	50. 96	4. 45
2000	3. 04	52. 02	4. 54
2001	3. 11	51. 36	4. 79

年份	R&D 经费支出占 GDP 比重（%）	中高科技产业占制造业产值比重（%）	知识产权产值占 GDP 比重（%）
2002	3.20	53.46	4.96
2003	3.24	54.34	4.98
2004	3.23	54.69	4.99
2005	3.23	55.02	5.14
2006	3.39	56.02	5.24
2007	3.47	56.82	5.32
2008	3.64	55.64	5.50
2009	3.84	53.57	5.38
2010	3.45	55.64	5.15
2011	3.48	54.48	5.23
2012	3.51	55.01	5.28
2013	3.44	55.34	5.36
2014	3.26	56.21	5.48
2015	3.31	56.77	5.48
2016	3.27	56.77	5.37
2017	3.12	56.77	5.31

资料来源：根据 CEIC 数据库、世界银行、日本总务省统计局和日本内阁府经济社会综合研究所资料整理。

第三，从表 2-8 可以看出，1998～2017 年日本制造业生产率波动较大，2008 年金融危机前呈上涨趋势，次年明显下跌，下降幅度达 14.71%，之后虽逐渐回升但到 2017 年仍未达到危机前水平。制造业生产力指数在两次危机后明显下降，生产工人工资指数也未曾上涨，一方面说明制造企业的经营管理和工人的处境不容乐观，另一方面制造业生产能力和人工成本的下降也从需求层面对"再工业化"战略的实施起到一定推动作用。工业生产指数波动也较大，由金融危机前最大值 116.63（2007 年）下降到危机后最小值 88.08（2009 年），两年间降幅近 1/4。从这几项指标来看 1998～2017 年日本工业的整体发展状况表现欠佳。

表 2 - 8 日本经济效益指标体系

年份	制造业生产率（%） （2015 = 100）	制造业生产力指数 （2015 = 100）	生产工人工资指数 （实际工资）
1998	80.38	111.58	113.40
1999	83.23	110.78	112.23
2000	88.88	109.53	113.28
2001	86.39	107.31	112.63
2002	89.63	103.73	110.43
2003	94.04	101.23	109.94
2004	98.71	100.38	109.16
2005	100.91	100.76	110.34
2006	104.23	102.33	110.20
2007	107.07	104.70	108.92
2008	104.16	106.43	106.93
2009	88.84	104.93	104.39
2010	99.09	104.60	105.69
2011	97.16	104.43	105.71
2012	97.48	103.03	104.88
2013	99.54	101.73	103.81
2014	101.71	100.08	100.87
2015	100.00	100.00	100.00
2016	99.73	99.42	100.64
2017	101.74	99.14	100.43

资料来源：根据 CEIC 数据库、日本生产性本部和日本经济产业省资料整理。

第四，从表 2 - 9 可以看出，日本劳动参与率整体呈缓慢下降趋势，近几年才略有上升，人口老龄化严重使经济活动的劳动力储备不足问题难以解决。失业率受危机影响显著，金融危机前失业率徘徊在 4% ~ 5% 的水平，危机后持续下降，到 2017 年下降到 2.81 的低水平，劳动力市场开始良性发展。教育经费占 GDP 比重维持在 3% 左右，较为平稳，说明无论危机经历与否日本政府始终维持对教育事业的资金投入。

表 2 –9　　　　　　　　　　日本人力资源指标体系

年份	劳动参与率（%）	失业率（%）	教育经费占 GDP 比重（%）
1998	63. 32	4. 11	2. 92
1999	62. 87	4. 68	2. 97
2000	62. 45	4. 72	3. 05
2001	62. 03	5. 03	3. 02
2002	61. 23	5. 38	3. 05
2003	60. 81	5. 26	3. 08
2004	60. 45	4. 72	3. 06
2005	60. 42	4. 43	3. 00
2006	60. 43	4. 14	2. 94
2007	60. 40	3. 84	2. 95
2008	60. 18	3. 99	2. 93
2009	59. 88	5. 07	3. 01
2010	59. 64	5. 05	3. 08
2011	59. 15	4. 42	3. 10
2012	59. 08	4. 35	3. 20
2013	59. 32	4. 03	3. 13
2014	59. 44	3. 59	2. 99
2015	59. 55	3. 38	2. 97
2016	60. 02	3. 12	2. 95
2017	60. 50	2. 81	2. 95

资料来源：根据 CEIC 数据库、世界银行、日本总务省统计局和日本厚生劳动省资料整理。

　　第五，从表 2 – 10 可以看出，1998 ~ 2011 年日本信息和通信（IC）产业增加值占 GDP 比重、占工业增加值比重以及该行业就业情况整体都呈上升趋势，说明信息技术产业发展势头良好。而 2012 年后三项指标均出现下降，且有进一步下降的趋势，说明日本信息和通信产业的发展可能遭遇"瓶颈"，侧面反映出发展基础科学和核心制造业的重要性与迫切性日益凸显。

表 2 – 10　　　　　　　　　　　日本信息工业化水平指标体系

年份	信息和通信产业增加值占 GDP 比重（%）	信息从业人员占就业总人数比值（%）	信息和通信产业增加值占工业增加值比重（%）
1998	4.28	0.3019	12.77
1999	4.46	0.3113	13.50
2000	4.60	0.3679	14.05
2001	4.82	0.3779	15.40
2002	4.96	0.4443	16.23
2003	5.00	0.4438	16.44
2004	4.90	0.4610	16.16
2005	4.94	0.4640	16.37
2006	4.94	0.4844	16.47
2007	4.96	0.4918	16.59
2008	5.10	0.5036	17.57
2009	5.25	0.5222	19.25
2010	5.10	0.5298	17.93
2011	5.17	0.5311	19.22
2012	5.12	0.5326	19.15
2013	5.11	0.5254	18.97
2014	5.08	0.5290	18.33
2015	5.03	0.5187	17.33
2016	5.01	0.5129	17.33
2017	4.90	0.5099	16.80

资料来源：根据 CEIC 数据库、日本内阁府经济社会综合研究所和日本经济产业省资料整理。

　　在对准则层五组指标进行分析之后，即可在此基础上计算出各个指标的标准值，结合前面计算得出指标权重，具体如表 2 – 11 所示。

表 2 – 11　　　　　　　　　　指标权重、标准值汇总

指标	权重	标准值
X1	0.1055	38275.36
X2	0.0582	96.30

指标	权重	标准值
X3	0.0137	1.23
X4	0.0232	68.98
X5	0.0159	29.60
X6	0.0897	87.28
X7	0.0322	24.10
X8	0.0328	3.32
X9	0.0596	54.60
X10	0.1084	5.11
X11	0.0140	96.15
X12	0.0236	103.81
X13	0.0686	103.18
X14	0.0408	107.19
X15	0.0462	60.56
X16	0.0462	4.30
X17	0.0839	3.02
X18	0.0408	4.94
X19	0.0225	0.47
X20	0.0742	16.79

在求得各个指标的标准值和权重之后，即可运用前面所选取的工业化指标评价模型计算出日本"再工业化"进程综合评价指数及各准则层指数，如表2-12所示。

表2-12　　　　　　日本"再工业化"进程综合指数

年份	工业发展水平	科技含量	经济效益	人力资源	信息水平	"再工业化"综合指数 K
1998	0.9049	0.8811	1.0058	0.9851	0.7735	0.9110
1999	0.9356	0.8995	1.0054	1.0249	0.8108	0.9372
2000	0.9607	0.9121	1.0382	1.0391	0.8566	0.9618
2001	0.9200	0.9384	0.9973	1.0514	0.9166	0.9578

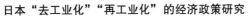

续表

年份	工业发展水平	科技含量	经济效益	人力资源	信息水平	"再工业化"综合指数 K
2002	0.9163	0.9716	0.9839	1.0738	0.9751	0.9732
2003	0.9428	0.9809	0.9967	1.0697	0.9842	0.9865
2004	0.9761	0.9827	1.0202	1.0312	0.9748	0.9934
2005	0.9816	1.0007	1.0327	1.0040	0.9854	0.9974
2006	0.9842	1.0251	1.0600	0.9768	0.9954	1.0038
2007	0.9950	1.0420	1.0775	0.9598	1.0028	1.0114
2008	1.0354	1.0622	1.0544	0.9663	1.0472	1.0330
2009	1.0146	1.0487	0.9189	1.0416	1.1169	1.0262
2010	1.0643	1.0160	0.9940	1.0506	1.0678	1.0423
2011	1.0996	1.0195	0.9788	1.0140	1.1136	1.0526
2012	1.1063	1.0295	0.9777	1.0248	1.1095	1.0580
2013	1.0522	1.0360	0.9735	0.9948	1.1006	1.0339
2014	1.0377	1.0447	0.9742	0.9470	1.0790	1.0195
2015	1.0052	1.0506	0.9649	0.9315	1.0406	1.0003
2016	1.0300	1.0361	0.9654	0.9150	1.0375	1.0025
2017	1.0374	1.0226	0.9804	0.8984	1.0122	0.9981

3. 测度结果分析

从整体结果来看，1998～2017 年日本"再工业化"综合指数均大于 0.6，即这期间日本始终处于中级工业化阶段以上，符合日本属于已经完成工业化发达国家的实际情况。从变化趋势看，2012 年以前日本"再工业化"综合指数呈稳定上升态势，其中在 2006 年后综合指数大于 1.0，进入工业化高级阶段，工业化进程稳定推进。而 2012 年之后指数却持续下降，即使在 2013 年日本政府推出《日本振兴战略》这一重点国家规划，也未能逆转趋势，到 2017 年指数跌破 1.0，"再工业化"政策效果不尽如人意。

2012 年前后日本"再工业化"指标的趋势变化应当引起人们对日本工

业化政策的深刻思考。或许是测度体系构建的缺陷，未能全面反映日本"再工业化"的现实成效；或许是震后日本制造业受创过大，阻碍前沿技术发展形成断层，难以迅速恢复。鉴于前面建立的测度体系在理论上具有一定的可信度以及如今距离地震发生已有较长时间，我们认为这两个推测并不成立，它们不是近几年日本"再工业化"水平下降的主要原因。回顾日本工业的发展历史，我们发现日本工业化进程中的产业政策具有模仿美国工业化政策的特征。日本早期的"去工业化"进程几乎与美国的"再工业化"进程同步，而在美国已经开始对"再工业化"政策的内涵、外延及其具体措施进行大规模调整的时候，日本产业政策的重心仍在国家经济的发展是以实体经济（制造业）为核心还是以服务业（金融业）为核心两种方向之间摇摆，即模仿美国的日本"再工业化"政策呈现出在"去工业化"和"再工业化"之间摇摆的"混沌"特征（孙丽，2018）。正是这种目标不明确而又顾此失彼的"全面"政策改革，使日本在泡沫经济破灭后面临金融自由化过快和产业空心化加剧等问题，导致制造业疲于恢复的现状。

毫无疑问，新一轮工业革命是日本重振制造业、拉动经济增长、摆脱长期萧条的关键契机。"再工业化"政策能否顺利有效实施、有效落实是决定日本产业竞争力能否重回昔日地位的关键性因素，也是日本经济能否摆脱长期萧条的决定性因素。

三、美国"再工业化"的进程判定

用同样的方法对美国 2009～2017 年"再工业化"进程中各指标数据进行分析，发现美国"再工业化"进程有以下特点。

第一，从表 2 - 13 和表 2 - 14 可以看出，美国整体产业结构与日本的情形极为相似，但第三产业增加值占 GDP 比重更高。第一产业增加值占 GDP 比重在缓慢下降，工业增加值占 GDP 比重在 2013～2016 年一直处于下降状态，而在此期间第三产业占比明显稳步提升。美国城镇化率一直处于上升阶段，而进出口总额占 GDP 比重波动幅度较大，2009～2012 年趋于上升阶段，2012～2016 年则趋于下降，2017 年有所回升。

表 2 – 13 美国工业发展水平指标体系

年份	第一产业增加值 占 GDP 比重（%）	第三产业增加值 占 GDP 比重（%）	工业增加值 占 GDP 比重（%）
2009	9.50	79.31	15.73
2010	10.70	79.08	16.23
2011	12.70	78.59	16.61
2012	11.50	78.79	16.45
2013	13.30	78.45	16.51
2014	11.70	78.49	16.47
2015	9.70	79.54	15.43
2016	8.60	80.23	14.59
2017	7.40	80.94	14.80

资料来源：根据世界银行、美国经济分析局和 CEIC 数据库资料整理。

表 2 – 14 美国工业发展水平指标体系

年份	人均 GDP （美元）	非农就业率 （%）	城镇化率 （%）	进出口额 占 GDP 比重（%）
2009	47001.56	94.70	80.6	10.47
2010	48374.56	94.60	80.8	12.07
2011	49781.36	95.10	80.9	13.17
2012	51456.66	95.00	81.1	13.31
2013	52980.04	95.80	81.3	12.91
2014	54596.00	96.00	81.5	12.52
2015	55904.30	96.20	87.7	11.68
2016	57436.22	96.40	81.9	11.11
2017	59495.31	96.70	82.1	11.29

资料来源：根据世界银行、美国经济分析局和 CEIC 数据库资料整理。

第二，从表 2 – 15 可以看出，美国 R&D 经费支出占 GDP 比重比较稳定，没有明显的增长。高新技术产业增加值占 GDP 比重经历了先下降后上升的发展过程，并在 2017 年突破了 24.0%，说明美国高新技术产业正在复苏。核心版权产业也日渐成为美国吸纳就业的重要行业，2009～2017 年其增加值占 GDP 的比重一直在 6% 以上，并呈持续增长趋势。

表 2 – 15　　　　　　　　　　美国科技含量指标体系

年份	R&D 经费支出占 GDP 比重（%）	高新技术产业工业增加值占 GDP 比重（%）	核心版权业增加值占 GDP 比重（%）
2009	0.33	23.34	6.23
2010	0.32	23.11	6.36
2011	0.32	22.87	6.44
2012	0.37	22.19	6.58
2013	0.36	22.98	6.67
2014	0.33	23.13	6.72
2015	0.35	23.16	6.88
2016	0.35	23.34	6.92
2017	0.34	24.21	6.85

资料来源：根据世界银行、美国经济分析局和 CEIC 数据库资料整理。

　　第三，从表 2 – 16 可以看出，美国制造业生产率波动频繁，自 2009 年开始实施"再工业化"战略后，到 2017 年制造业生产率不升反降。人力资本指数总体呈上涨趋势，但在 2017 年出现明显下滑，说明此前美国大部分企业的管理绩效差强人意。工业生产指数是分析经济景气程度的首选指标，从表 2 – 16 中可以看出美国工业生产指数整体呈下降趋势，从这一点可以看出美国工业发展状况表现欠佳。生产工人工资指数呈上涨趋势，说明美国制造业生产成本在上升，不利于"再工业化"战略的推进。

表 2 – 16　　　　　　　　　　美国经济效益指标体系

年度	制造业生产率（2009 = 100）	人力资本指数（2009 = 1）	工业生产指数（2009 = 100）	生产工人工资指数（2009 = 100）
2009	100.00	0.947	100.00	100.00
2010	103.80	0.946	93.10	102.50
2011	102.64	0.951	93.20	107.10
2012	99.64	0.950	90.20	111.70
2013	99.80	0.958	82.80	116.10

年度	制造业生产率 （2009 = 100）	人力资本指数 （2009 = 1）	工业生产指数 （2009 = 100）	生产工人工资指数 （2009 = 100）
2014	100.09	0.960	81.50	121.50
2015	98.64	0.962	84.80	126.70
2016	95.51	0.964	83.50	131.80
2017	97.33	0.762	82.70	137.60

资料来源：根据世界银行、美国经济分析局和 CEIC 数据库资料整理。

第四，从表 2 - 17 可以看出，2009～2017 年美国劳动参与率整体呈缓慢下降趋势，人们参与经济活动的积极性没有提高。金融危机后经济活动逐渐恢复，城镇失业率明显下降，劳动力市场良性发展。2009～2014 年美国政府有意控制教育经费的支出，教育经费占 GDP 比重一直处于下降状态，2015 年起开始重视教育事业，经费比例大幅度上涨，连续三年维持在 GDP 比重的 6% 以上。

表 2 - 17　　　　　　　　美国人力资源开发利用指标体系　　　　　　单位：%

年度	劳动参与率	城镇登记失业率	教育经费占 GDP 比重
2009	65.37	5.36	5.56
2010	64.72	5.47	5.42
2011	64.10	4.92	5.22
2012	63.70	5.04	5.20
2013	63.27	4.24	4.90
2014	62.88	4.03	4.99
2015	62.65	3.82	6.32
2016	62.78	3.67	6.10
2017	62.86	3.33	6.45

资料来源：根据世界银行、美国经济分析局和 CEIC 数据库资料整理。

第五，从表 2 - 18 可以看出，2009～2017 年美国信息产业增加值占 GDP 比重和工业增加值比重整体都呈上升趋势，说明信息技术产业发展势头良好。而信息从业人员占就业总人数比重却呈现下降趋势，说明信息产业劳动生产率趋于上升，行业进入劳动力市场升级和结构优化阶段。

表 2 – 18　　　　　　　美国信息工业化水平指标体系　　　　单位：%

年度	信息技术产业增加值占 GDP 比重	信息从业人员占就业总人数比重	信息技术产业增加值占工业增加值比重
2009	15.18	2.00	16.68
2010	15.03	1.95	16.35
2011	14.24	1.91	15.47
2012	13.70	1.88	15.04
2013	14.17	1.88	15.58
2014	13.76	1.86	15.23
2015	14.74	1.85	17.00
2016	15.48	1.85	18.60
2017	15.47	1.83	19.20

资料来源：根据世界银行、美国经济分析局和 CEIC 数据库资料整理。

与日本"再工业化"进程测度过程相同，对以上 20 个美国的工业化指标数据分析整理，得出相应的指标权重，具体如表 2 – 19 所示。

表 2 – 19　　　　　　　指标权重、标准值汇总

指标	权重	标准值
X1	0.1211	53002.85
X2	0.0668	95.61
X3	0.0157	10.57
X4	0.0266	79.27
X5	0.0182	15.87
X6	0.1029	81.99
X7	0.0370	12.06
X8	0.0328	0.34
X9	0.0596	23.15
X10	0.1084	6.63

续表

指标	权重	标准值
$X11$	0.0140	99.72
$X12$	0.0236	0.93
$X13$	0.0686	87.98
$X14$	0.0408	117.22
$X15$	0.0463	63.59
$X16$	0.0463	4.43
$X17$	0.0841	5.57
$X18$	0.0408	14.64
$X19$	0.0225	1.89
$X20$	0.0742	16.57

运用相同的方法计算出美国"再工业化"进程综合评价指数,如表 2-20 所示。

表 2-20　　　　　　　　美国"再工业化"进程综合指数

年份	"再工业化"综合指数 K	年份	"再工业化"综合指数 K
2009	0.9983	2014	0.9910
2010	1.0009	2015	1.0306
2011	0.9978	2016	1.0285
2012	1.0010	2017	1.0330
2013	0.9932		

根据综合指数结果来看,2009～2014 年美国一直在高级工业化阶段的边缘徘徊,2015～2017 年 K 值连续三年大于 1,可以说在此期间美国工业化已经进入高级阶段,但综合所有年份来看 K 值始终处于 1 的临界值,并不稳固。K 值的年平均增长速度为 0.43%,增长速度虽然缓慢,但同时也说明美国的工业化水平的确有所回升,"再工业化"战略取得了成效,至少在从发展趋势上扭转了"去工业化"的经济惯性,美国正在由之前的"去工业化"缓慢地向"再工业化"发展。

对于美国"再工业化"进程缓慢的原因，有几个关键性因素起到了限制作用：一是美国制造业发展的低生产率和高成本问题限制了其"再工业化"的进程。美国实施"再工业化"战略以来，制造业生产率整体呈下降趋势。相比于 2009 年，2017 年美国制造业生产率下降了 2.67%，其中固然有高新技术研发速度和市场转化效率都不高的原因，这一客观事实也致使"产学研"体系极高的时间成本和试错成本；此外，"再工业化"过程中制造业的回流不仅包含了高端制造业，一些中低端制造业也"泥沙俱下"，拉低了美国制造业生产率的平均水平；与此同时，美国生产工人工资水平日渐攀升，2017 年生产工人工资指数相比于 2009 年上涨了 37.6%，年均增速超过 4.5%，制造业发展的成本问题也是美国实施"再工业化"战略的重要阻碍。二是美国劳动参与率的下降成为不容忽视的人口结构问题。相比于 2009 年，2017 年美国劳动参与率下降了 3.8%，民众参与经济活动的积极性下降，劳动力市场活力不足。从 20 世纪 80 年代到 2009 年正式提出"再工业化"战略近 30 年间，美国一直处于"去工业化"的发展状态，实体经济和虚拟经济失衡不断加剧，制造业增加值占 GDP 比重长期处于下降趋势。直到 2008 年全球经济危机爆发，美国才顺势提出"再工业化"战略，这难以在短期内扭转"去工业化"状态的经济惯性，再加上财政和货币政策作用的滞后性，导致"再工业化"效果更难显现。三是当前美国虚拟经济和实体经济失衡的局面并没有发生实质性改变，美国经济金融化的状态仍在延续。张晨和冯志轩（2016）认为美国名义上是处于"再工业化"进程中，而实际上是一种经济"再金融化"的过程。虚拟经济本身的特点使其吸收资源的速度强于实体经济，不可避免地对实体经济的发展造成挤出效应，实体经济"失血"严重是导致美国"再工业化"速度缓慢的重要原因。

　　根据上述分析美国"再工业化"进程缓慢的影响因素，可以窥见日本模仿其"再工业化"政策而效果不尽人如意的原因所在。两者同属于后工业化的发达国家，在"去工业化"和"再工业化"进程中呈现出的共性和特性，十分具有研究价值和借鉴意义，对于两者间的政策和效果比较，将在后面章节进行集中讨论。

第三节 "去工业化"与"再工业化"之间的关系

"去工业化"与"再工业化"是两个相互联系而价值取向相异的产业政策。"去工业化"是一国产业结构演变的"自然现象"和"人为政策导向"（产业政策）相叠加的过程，而"再工业化"则是利用产业政策对"去工业化"进程失误进行纠偏或矫正的过程。

一、"去工业化"是一国产业结构演变的"自然现象"或"一般规律"

根据"配第—克拉克定理"，伴随着一国经济的发展和人均收入水平的提高，劳动力首先从第一产业（农业）向第二产业（制造业）转移；当人均收入水平进一步提高时，劳动力便从第二产业向第三产业（商业和服务业）转移。由此形成了三大产业的地位的更替：一国经济的发展会出现由第一产业占主导地位到第二产业占主导地位，进而由第三产业占主导地位的变化。这种更替或演变虽然是一种经验性的结论，但一般也被认为一国产业结构发展进程中的"自然现象"。

二、"再工业化"是对"去工业化"进程失误的纠偏或矫正

由于一国经济发展并非是一种完全的"自然现象"，而是"自然现象"和"人为政策导向"（产业政策）相互叠加、相互影响的过程。而这种"自然现象"和"人为政策导向"的叠加常常使一国的"去工业化"呈现出复杂的特征。例如，片面地理解所谓"一般规律"，人为过度和超前发展服务业，会使一国经济发展呈现出"服务化""金融化""虚拟化"特征，甚至演变为"投机化"。因此，一国经济发展的"自然现象"和"人为政策导向"的叠加、交互作用，既有可能使其沿着正确的方向发展，也有可能使其偏离正确轨道，甚至酿成重大危机。从现实经验来看，是后

者居多，人们开始重新思考以"配第—克拉克定理"为指导的"去工业化"问题，特别是重新思考如何纠正"去工业化"道路的产业结构优化问题。而"再工业化"政策及其进程，正是对"去工业化"失误的纠偏或矫正。

三、"去工业化"符合经济发展的一般规律：对日本的分析

随着工业化的完成，发达国家的土地、劳动力等成本不断升高，追求成本最小化和利润最大化的企业，将眼光投向世界市场，选择尚未开发或有待开发的区域继续从事生产发展。而发展中国家为实现经济追赶、提升工业化和技术化水平，倾向于通过吸引外资的方式加快经济发展。除了廉价劳动力和原材料等基础优势，发展中国家政府也会对跨国企业提供一定的优惠政策，如降低税率和贷款利率、免费提供厂址等。东亚地区发展中国家优良的发展条件和区位优势，为日本加快"去工业化"进程创造了条件。例如，中国 1978 年实施改革开放政策后大量吸引外资，市场活力大大释放，其间吸引了许多日本的制造企业奔赴中国建厂，或将本土的工厂生产线迁移至中国。此外，同时期其他发达国家的制造企业也纷纷在海外投资建厂，激烈的同业竞争也会刺激日本企业跟随、效仿。上述原因均在客观上加速了日本国内的"去工业化"进程。

随着日本经济水平的发展，其经济产业结构需要转变——从低端制造业向高技术产业或服务业转变，这是一个经济体发展到一定阶段的内在需求。一些工业发达国家由于制造业投资成本上涨、资源短缺或出于保护国内环境的考虑，选择将其制造业的生产基地向其他国家转移，日本亦是如此。日本国内一些制造业领域存在规制多、投资成本高、信息公开制度不完善、行政手续复杂等问题，导致国内资本大量外流，而国外资本不愿或者难以流入。再加上日本国内对传统制造业产品的需求日益下降，日本国内企业基于自身的趋利性因此走向对外扩张。

政府的政策同样对发达国家或地区的"去工业化"进程有着极大的影响，包括产业政策、环境政策等。日本在工业化基本完成后，着重强调 IT 等高新技术产业及服务业的创新发展，有意鼓励相关产业发展并扩充其就业规模，这使得日本劳动力加速从制造业向第三产业的转移。环境政策方

面，根据库兹涅茨"环境倒 U 型假说"，当收入达到一定水平后，居民对居住环境的要求会变高，继而要求政府对高能耗、高污染的低端制造业生产进行一定的限制或改良，以减少工业排放对环境的污染，这对日本制造业发达地区的"去工业化"更是产生了推波助澜的效果。日本政府为了加快本国跨国企业的发展并减少"广场协议"的影响，对企业对外投资实施一定的激励政策。日本企业的对外直接投资大部分是以其品牌为战略向外扩张的，如索尼、松下、丰田等大型跨国企业在海外不断投资与并购，"去工业化"浪潮由头部企业兴起，迅速在行业内铺开。以上可以概括为日本的"去工业化"的内因。

"去工业化"为日本经济发展带来诸多益处，如推动了日本一些大型公司的跨国发展，增强了日本企业的国际竞争力；而从制造业转移出来的劳动力需要在新的工作中接受再次培训等，使得日本教育和培训行业获得进一步发展；同时日本的产业结构得到升级，即经济体系由以制造业为主体转向以服务业为主体。2000 年日本第三产业的名义 GDP 是第一产业、第二产业之和的 2.42 倍，到 2011 年，第三产业就业份额达到 70.7%，是第一产业、第二产业就业份额之和的 2.5 倍，这都表明日本产业在不断升级。日本的"去工业化"也为亚洲地区的发展中国家提供了发展机遇，促进了中国、亚洲"四小龙"、东盟十国等国家或地区的经济发展，加强了日本与周边国家的政治经济关系。

综合内外因，可以看出日本的"去工业化"有其经济发展的必然性。如前述理论所总结：市场配置资源总是由低效率部门转移至高效率部门。"去工业化"进程符合经济发展的一般规律，是难以阻挡的，问题在于"去工业化"程度不应人为地超出实体经济所支撑的底线，动摇实体经济的根基，否则资本市场的每一次"风吹草动"，都是对一国经济风险承受能力的考验，更不用说大型金融危机了。

第三章
日本"去工业化""再工业化"：
内涵、进程及其特征

第一节 日本"去工业化"内涵、指标及特征

一、"去工业化"的内涵

"去工业化"这一概念是由巴里·布鲁斯顿和贝尼特·哈里森（Barry Bluestone & Bennett Harrison）在 1982 年出版的《美国的"去工业化"》一书中首先提出的。在该书中，他们把一国将资本、劳动力等生产要素快速、广泛且系统地从制造业向服务业转移，从而导致制造业的产出、就业相对衰落的现象称之为"去工业化"。目前学术界对于"去工业化"的内涵，主要从两个不同角度进行界定。

一是从地理学角度诠释"去工业化"的内涵，具体包括两种界定。第一种是指，一国内部已实现了工业化的地区，面对制造业发展成本不断上升、制造业开始衰落的压力，将区域内制造业向国内制造业相对落后的地区转移，进而导致本地区经济结构从以制造业为主向以服务业为主转型的

过程，这种"去工业化"现象可称为区域性或局部性"去工业化"。第二种是指，由于企业生产成本上升、居民环境保护意识增强等原因，一国通过对外直接投资将制造业生产向生产成本较低的国家转移，本土只留下核心技术研发部门，由此造成本土大量制造业工厂关闭、制造业就业率和制造业规模不断下降的现象。例如20世纪70年代后，一些日本企业为寻求更低的成本开始向海外转移生产基地。而在"广场协议"签订后，为了减少日元大幅度升值的压力，日本的化工、机械等资本、技术密集型重工业产业也开始向国外转移。这种"去工业化"现象可称为全局性"去工业化"。本书所研究的"去工业化"主要指的是第二种现象。

二是从宏观经济的角度界定"去工业化"的内涵，有狭义和广义两种界定。前者指一国在完成工业化后，其制造业的产出份额、就业份额持续相对下降，制造业部门陷入衰退、萧条困境的现象。后者指一国的产业结构快速地从以第二产业为主向第三产业主导转型，即第二产业的相关指标如生产份额、就业份额不断减少，而第三产业的相应指标不断增加，从而使一国的产业结构、就业结构、投资机构等向"轻型化"发展的现象（Doussard，2009）。卡利诺（Carlino）认为，"去工业化"是指一国通过大力发展服务业，从工业经济转向服务经济（有学者称其为"高级经济"），以此推动经济增长、吸纳就业，减少受商业周期影响的过程。基于此，麦金农（Mckinnon）认为，所谓"去工业化"是指一国的投资、产业结构人为地向服务业倾斜，特别是向金融业倾斜，以及将一些生产环节向海外转移从而导致以制造业为代表的实体经济衰落的现象。国内外学者对"去工业化"并没有统一的定义，但学术界普遍认同"去工业化"是一国制造业在国民经济中的地位相对衰落的现象。特雷格纳（Tregenna，2009）将"去工业化"界定为制造业就业在总就业中的比重和产值在GDP中的比重双双持续下降的现象。

综合所述，本书认为，所谓"去工业化"是指一国的经济发展战略、产业结构、投资结构、就业结构等从以制造业为核心转向以服务业为核心，甚至转向以金融业为核心，同时将低端产业和产业价值链中的低端环节向成本更低的国家转移而自身专注于高端产业和产业价值链中附加值较高的环节，使国家经济向"服务化""金融化""虚拟化"发展，导致以制造业为核心的实体经济衰落的过程。

二、度量"去工业化"的主要指标

"去工业化"主要从以下五个指标度量：（1）制造业的产出指标。若一国制造业产出额以及制造业产出占国内生产总值的比例均持续下降，那么该国就存在着较强烈的"去工业化"事实。若两项指标中一个上升而另一个下降，可以认为该国存在着"去工业化"趋势。在这两项指标中，制造业产值占 GDP 份额的变化则是衡量是否存在"去工业化"的核心指标。（2）制造业就业人数指标。若制造业就业人数下降，则意味着存在"去工业化"趋势。若制造业就业量有所上升或是变化不大，但制造业就业人数占总就业量的份额下降则意味着处在"去工业化"状态。（3）制造业企业数量。无论何种原因，若一国制造业企业数量越来越少或短期内下降迅速，则该国"去工业化"程度越高。（4）制造业海外生产比率变化、对外直接投资变化。当一国制造业海外生产比率、对外直接投资比率变高，则反映该国处在去"去工业化"的进程之中。（5）贸易差额。当制造业占一国对外贸易份额的比重持续下降，而进口制造业产品占国内支出份额持续增加，导致该国制造业对外贸易基本处于逆差状态，则说明该国发展具有"去工业化"特征。在上述五个指标中，制造业产值比重和制造业就业人数比重的变化是衡量一国是否存在"去工业化"现象最为重要的度量指标。

三、日本"去工业化"进程及特征

根据上述度量"去工业化"的主要指标，我们发现日本在 20 世纪六七十年代就已经完成了工业化进程，随着国内外形势的变化，日本开始了其"去工业化"进程。

1. 制造业产出、就业人数、企业数量的变化

由表 3−1 可以看出，日本制造业产出额从 20 世纪 70 年代的 36.0% 下

降到了2010年的19.4%，下降了85.8%；同期，制造业就业人数从1377万人下降到997万人，下降了27.5%；制造业就业占比则从1970年的27.0%下降到了2011年的16.7%，下降了62.1%；日本制造业的企业数更是从652931户下降到224403户，下降了近2/3。

表3-1　　　　　　　　　日本"去工业化"的主要指标

年份	制造业产出（10亿日元）	制造业占比（%）	制造业就业人数（万人）	制造业就业占比（%）	制造业企业数（户）
1970	26402	36.00	1377	27.03	652931
1980	70232	28.92	1367	24.69	429336
1990	121219	27.38	1505	24.08	435997
2000	111439	21.86	1321	20.49	341421
2001	—		1284	20.02	316267
2002	—	—	1222	19.30	290848
2003	—	—	1178	18.65	293911
2004	105410	20.93	1150	18.17	—
2005	107877	21.41	1142	17.97	276715
2006	107766	21.27	1161	18.19	258543
2007	103565	20.19	1165	18.17	258232
2008	98666	19.69	1144	17.92	263061
2009	83351	17.69	1073	17.08	235817
2010	93362	19.38	1049	16.77	224403
2011	—		997	16.68	—

资料来源：中经网统计数据库、历年《日本统计年鉴》、日本总务省统计局官网。

2. 三大产业就业情况的变化

由表3-2可以看出，自20世纪70年代以来，日本第二产业的就业份额不断下降，从1970年的35.2%下降至2011年的24.6%，而第三产业就业份额大幅度上升，从1970年的47.3%上升至2011年的70.7%。

表 3 - 2 日本三大产业就业份额的变化 单位:%

年份	第一产业	第二产业	第三产业
1970	17.4	35.2	47.3
1980	10.4	34.8	54.6
1990	7.2	33.6	58.7
2000	5.1	30.7	63.7
2010	4.0	24.8	70.2
2011	3.7	24.6	70.7

资料来源:历年《日本统计年鉴》、日本总务省统计局官网。

3. 对外直接投资与日本产业的"空心化"

日本在 20 世纪六七十年代基本完成工业化后,为了进一步承接国际产业的转移,特别是为了规避日美之间的贸易摩擦,便开始通过对外直接投资的方式向海外转移生产基地。最初日本是将纺织业等劳动密集型、部分资本密集型产业向东南亚国家转移,而在"广场协议"签订后,日元大幅度升值,日本开始将资本密集型产业、技术密集型产业生产基地向外转移,甚至到后期以 IT、汽车等产业为代表的技术研发部门也开始向国外转移。产业生产基地向外转移的直接后果便是日本国内制造业产量份额、就业份额不断下降。1990 年日本制造业海外生产比率为 6.4%,比 1985 年上升三个多百分点;1995 年日本制造业海外生产比率达到 9.1%,其中,以汽车为代表的运输机械达到 23.9%,电气机械达到 15.5%;1996 年日本制造业海外生产比率超过 10%,而到 2001 年这一数值达到 16.7%,递增趋势明显。从表 3 - 3 中可以看出,虽然日本对外直接投资占 GDP 比重变化不大,但呈现出不断扩大的趋势,由此也带来了贸易差额的较大变化。日本从 1990 年以来一直呈贸易顺差状态,但到了 2011 年却出现了 16170亿日元的逆差,这种变化也从一个侧面说明,日本"去工业化"进程在加快。

表 3-3   日本"去工业化"指标的具体衡量

年份	对外直接投资 （10 亿日元）	对外直接投资/GDP （%）	贸易差额 （10 亿日元）
1970	—	—	—
1980	—	—	—
1990	7352	1.66	10053
2000	3401	0.67	12372
2001	4659	0.93	8401
2002	4048	0.81	11550
2003	3339	0.67	11977
2004	3349	0.66	13902
2005	5046	1.00	10335
2006	5846	1.15	9464
2007	8661	1.69	12322
2008	13232	2.64	4028
2009	6990	1.48	4038
2010	4939	1.03	7979
2011	9126	1.95	-1617

资料来源：中经网统计数据库、历年《日本统计年鉴》、日本总务省统计局官网。

第二节 日本"再工业化"内涵、进程及特征

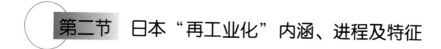

一、"再工业化"的内涵

"再工业化"一词最早由美国学者、卡特政府的高级顾问阿米泰·埃兹厄尼（Amitai Etzioni）在 1976 年提出，其本意是指对发达工业化国家的重工业基地（如美国东北部地区、德国的鲁尔地区、法国的洛林和日本九州地区等）进行改造和重新振兴的政策或行动。罗斯韦尔将"再工业化"定义为：一国政府通过制定一系列政策使"产业向具有更高附加值、更加

知识密集型的部门和产品组合以及服务于新市场的产业和产品转型"的过程。据此，《韦伯斯特词典》（1968 年版）认为，"再工业化"指的是通过政府的政策支持，一国不仅要实现传统工业部门的复兴和现代化，而且要支持新兴工业部门的增长和发展过程，即本质上而言"再工业化"是一国刺激经济增长的策略。综上所述，本书认为，所谓"再工业化"是指一国在对"去工业化"纠偏的基础上，采取一系列政策措施，重新确立服务业与制造业的关系，重新确立金融业与制造业的关系，重新确立制造业在国民经济发展中的核心地位，提升制造业国际竞争力的过程。

2008 年爆发的金融危机，使美国政府开始反思，经济过度依赖金融行业而忽略制造业的"跛脚"增长模式不可持续。2009 年白宫发布《美国制造业振兴框架》，以此为起点美国率先开启了"再工业化"进程。基于以上学者对"再工业化"内涵的分析，结合本书研究背景和研究对象，在此对"再工业化"给出更为详细的定义："再工业化"是针对一国制造业在国民经济中的地位下降、制造业产业竞争力减弱等问题，发达国家为夯实本国经济实力、促进本国就业，在一系列配套政策扶持下，推进本国传统制造业生产基地回归、先进制造业向更高层次迈进，借此实现对经济增长过度依赖金融行业的修正，并抢占未来制造业全球领先地位。

二、日本的"再工业化"进程

在不同的历史阶段，"再工业化"政策根据具体的时代背景和经济现状会有不同的侧重点。日本"再工业化"进程可分为三个阶段。

第一个阶段是 20 世纪七八十年代。此时因日本九州等地区面临重工业基地改造问题，日本产业结构审议会在其《70 年代的展望》报告中提出了"知识密集化构想"的产业政策构思。1978 年又据此制定了《特定机械产业振兴临时措施法》，以期对电子计算机、集成电路等产业进行重点扶持。到 20 世纪 80 年代，日本制造业的竞争格局出现了逆转现象，"再工业化"又一次被提上日程。在《80 年代的通商产业政策》中，日本政府提出了"要建立以尖端技术领域为中心的产业结构"等政策主张。

第二阶段为 20 世纪 90 年代到 2007 年美国次贷危机爆发前，即两次经济危机期间。为了走出泡沫经济崩溃导致经济持续低迷的困境，日本提出了"创造性知识密集型"的产业政策和"科技创造立国"的方针，将信息技术产业的发展放在工作的首位。1995 年日本产业结构审议会在《面向21 世纪的日本经济结构改革思路》报告中提出，日本应重点开发新的产业领域，并向高附加值产业转移，为此要通过放松管制、促进竞争的条款来创造必要的政策环境。为了开发新型产业领域，同年日本还确立了 21 世纪"文化立国"战略。2001 年日本明确提出了"10 年内将日本建成世界第一知识产权国"的主张，并于 2003 年组建了由总理大臣挂帅的"知识财产战略本部"，下设"内容产业专业调查会"。2004 年，该调查会发表了《内容产业振兴政策——软实力时代的国家战略》，提出将振兴内容产业作为国家战略的重要支柱，并提出了十项改革措施。同年 6 月，日本国会通过了《关于促进创造、保护和活用内容的法律》提案，将其作为振兴内容产业的根本政策依据。随后，日本一直都在致力于内容产业的发展，并制定了相关的优惠政策，以期将软实力产业培养为新的经济增长动力。2006年 7 月，日本经济产业省（原通商产业省）发布了《新经济增长战略大纲》，提出了针对性的产业结构政策和产业组织政策，对制造业、农林、服务业等产业提出了具体的政策措施。

第三阶段为金融危机爆发后到安倍第二次执政。不同于前两个阶段，此次"再工业化"战略的提出，是基于经济金融化和虚拟经济与实体经济结构性失衡的现实情况。2009 年 8 月日本经济产业省发布了《2010 年经济产业政策重点》报告，在强调传统制造业技术创新的必要性以外，还强调产业政策的重点要放在可再生资源、IT 等新兴产业的发展之上。以安倍第二次执政为分水岭，为了复苏日本经济，安倍内阁政府重新提出了"再工业化"战略，旨在通过"再工业化"恢复本国经济增长，大力发展本国的高端制造业。通过制定与时俱进的《科技创新战略》，意图通过结构性改革带动日本经济发展，让日本经济走出危机后的阴霾。2013 年 6 月安倍内阁发布《日本复兴战略》，推出了产业复兴、战略性市场创造、国际化战略等行动计划，并制定了 5 年内要使日本的全球竞争力世界排名从第五位跃升至第一位的目标。2020 年 7 月日本政府出台了新的经济刺激方案，拟出资近 22 亿美元用于鼓励日本企业培养多元化的生产能力。就目前现状来看，日本"再工业化"战略的政策效果已经逐步显现。

三、日本的"再工业化"特征

由于日本"去工业化"进程开始起步时，美国却开始了其"再工业化"进程，美国"再工业化"进程的雄心壮志及初期取得的良好效果，推动日本也开始了其"再工业化"进程。因此，在美国"再工业化"的同期，日本的"再工业化"进程及其政策呈现出在"去工业化""再工业化"之间摇摆的"混沌"特征。

从前述日本的"再工业化"进程可以看出，面对以美国为代表的发达国家"再工业化"浪潮的压力和激励下，日本所采取的"再工业化"政策措施既有美国"再工业化"政策的内涵，即选取某一前沿领域的先进制造业作为切入点，寻求在未来全球制造业竞争中占据制高点；又有自己独到的特征，包括注重社会生活基础设施、治理产业发展造成的环境污染等。但是，在美国的"再工业化"政策内涵、外延及其政策已进行大规模调整的时候，日本"再工业化"政策的重心仍在国家经济的发展究竟是以实体经济（制造业）为核心，还是以服务业（金融业）为核心之间摇摆。例如，日本产业政策的重心逐渐从传统制造业转向 IT 服务业、文化旅游等产业。2006 年日本经济产业省公布的《新经济增长战略大纲》中提出了诸多产业政策，重点围绕农林、IT、服务业等产业，而传统制造业类别只涉及清洁型飞机制造、汽车电池等。而且在该大纲中，日本政府期望到 2015 年日本制造业附加价值份额由 2004 年的 22% 下降到 18.9%，制造业就业份额由 2003 年的 17.4% 下降至 15.9%，同期服务业的附加价值份额由 33.3% 上升至 36.2%，就业份额由 37.8% 上升至 40.8%。这意味着日本的"再工业化"产业政策不但在美国的三次"再工业化"进程中一直处于摇摆不定的立场，而且在美国的第三次"再工业化"战略已进行了实质性根本调整时，日本仍未走出摇摆不定、方向不明的困境。正如日本半导体产业观察者汤之上隆在其《失去的制造业》一书中批评的那样：即使日本已经提出了应该向美国学习"振兴制造业"的想法，但却没有就振兴日本制造业推出切实可行的政策措施和实现路径，更没有像奥巴马政府那样引领美国制造业回归。日本著名经济学家野口悠纪雄认为，面对经济困境，日本必须改变以往的制造业立国模式，对经济结构进行彻底的调整：应该向美国学习，全力发展以金融为中心的服务业，确立以"人才开国""富人模式"为目标的新型成长模式，如此才能彻底解决日本资源不足、电力供应紧张、劳动力短缺、环境压力大等问题，实现日本经济的再次繁荣。野口悠纪雄的观点起初在《钻石在线》（*Diamond Online*）上连载时，就引起了日本社会的巨大反响。实际上，野口悠纪雄在他的《未曾有的经济危机战胜方法》《世界经济恢复，为什么唯独落下日本?》《经济危机的根源》《日本的反省：悬崖边上的经济》《日本的反省：依赖美国的罪与罚》等著作中均表达了类似的观点，其作品畅销国内外市场，可见他对于日本经济陷入困境的原因以及实现日本再次繁荣的路径等议题的观点在日本国内外拥有众多的支持者。

第四章
美国"去工业化""再工业化":
对日本的影响

由于日本的"去工业化""再工业化"进程在时间上滞后于美国,尤其这一进程是在借鉴美国的相关政策措施中加以推进的,因此,要研究日本的"去工业化""再工业化"问题,有必要针对美国的"去工业化""再工业化"政策措施及其对日本产生的影响加以研究。

第一节 美国"去工业化""再工业化"进程、特征

一、美国的"去工业化"进程

美国的"去工业化"始于20世纪50年代。作为本土没有遭到第二次世界大战战火摧残的国家,美国的制造业得到了空前的发展:到第二次世界大战结束时,美国的制造业产值已然占到了全世界制造业产值的53%,其中汽车、钢铁的产量分别占世界总产量的80%和57%。然而20世纪

50 年代以后，随着战争特需的消失，美国制造业的战时辉煌不但一去不复返，与德国和日本制造业的快速恢复和发展相比，水平反而有所下滑。特别是在 20 世纪 70 年代，美国制造业不但增速明显放缓，而且制造业产出占 GDP 的比重、就业比重也在快速下降。到了 20 世纪 80 年代初期，美国的制造业更是出现了严重的衰退：工厂大量倒闭，工人大批失业，生产性投资大幅度减少以及贸易逆差日益扩大。在此期间，面对制造业的衰落，美国起初是将制造业从国内发达地区向落后地区转移，后期则是从国内转移至日本等国家，从而开启了战后世界性的产业转移浪潮，因此，20 世纪 50 年代至 70 年代初美国进入了"去工业化"进程之中。然而，这一时期美国的"去工业化"政策不但没有在根本上解决其制造业发展的困境，反而带来了一系列新的问题，国际先进制造业竞争也不断加剧，因此美国自 20 世纪 70 年代末开始了三次"再工业化"进程。

二、美国的"再工业化"进程

从 20 世纪 70 年代末至今，美国共实施过三次"再工业化"。第一轮"再工业化"始于 1978 年，彼时美国制造业生产基地的海外转移已颇具规模，国内东北部传统制造业基地面临衰落，甚至殃及美国整体的经济增长。在此背景下，美国总统卡特提出实施"再工业化"解决上述问题。但卡特于两年后卸任总统一职，因此美国第一轮"再工业化"并未得到落实。第二轮"再工业化"发生于 20 世纪 80 年代初，卡特的继任者里根总统根据供给学派理论设计了新的"再工业化"政策，主要针对陷入困境的钢铁、汽车等传统制造业，政府以税收减免、补贴等方式提供直接帮助；同时，政府加大对新兴技术和产业的投资力度，扶持新兴制造业的发展；在贸易政策上，通过干预汇率为制造业创造更具优势的出口环境。美国第三轮"再工业化"由奥巴马政府开启，这也是美国历史上规模最大、政策体系最为完善的一次产业改革，作为本书的重点研究和参照对象，将在后面对其政策进行详细研究。

1. 20 世纪 70 年代美国的第一轮"再工业化"

20 世纪下半叶，美国东北部和中西部的传统制造业基地急剧衰落，大量工厂倒闭、失业率上升，特别是在石油危机等因素的冲击下，美国出现了全国性的制造业投资停滞、出口产品竞争力下降、贸易逆差恶化等问题，产业空心化进一步加深，服务业拉动经济增长的动力不足，"再工业化"构想逐渐成为美国政治和经济界的焦点议题，由此第一次"再工业化"进程开始启动。1978年，吉米·卡特将"再工业化"作为其竞选美国总统的经济纲领之一，上任后采取了一些振兴制造业的措施。此次"再工业化"主要解决两个问题：一是逆转石油危机所引发的国内经济衰退；二是要解决以美国东北部和中西部传统制造业基地急剧衰落为典型的产业结构问题，特别是要解决前期"去工业化"进程导致的产业空心化加深、服务业拉动经济增长的动力不足等现实困境。虽然卡特提出了"再工业化"的构想和纲领，但由于其在任时间有限，政策落实不足两年，"再工业化"政策效果并未得到显现。

2. 20世纪80年代美国的第二轮"再工业化"

20世纪80年代，面对第一次"再工业化"只有思想没有多少实际行动、效果并未显现的情况，美国时任总统罗纳德·里根在吸收卡特"再工业化"部分思想的基础上，在竞选前后分别提出了"80年代经济增长和稳定战略"的经济计划和"经济复兴纲领"，上任后根据供给学派理论设计和制定出较为系统的"再工业化"产业战略，开启起了美国第二次"再工业化"进程。里根的"再工业化"战略由对内经济政策和对外经济政策两部分组成。对内方面，里根主张减少政府对企业的干预；加速开发西部和南部等经济不发达地区；利用减税和增加科研投入及补贴的方式扶植新兴工业部门；对钢铁、汽车等传统制造业给予财政资助，使其摆脱陈旧落后的状态，增强其国际竞争力等。此外，里根积极推动国会于1982年颁布了《加恩—圣杰曼存款机构法》，启动修正和废除"Q条例"的程序。经过4年的努力，到1986年4月，"Q条例"被完全废除，美国全面实现了利率市场化。之后又推动颁布《1987年银行公平竞争法》，允许商业银行涉足证券投资等非传统银行业务。随后，这一类放松金融管制、推进金融自由化的法律相继实施，打破了美国近半个世纪限制银行业发展的局面，涌现了各类金融机构、金融创新产品和交叉业务，金融市场的国际化程度大大提高，这为"再工业化"政策的实施创造了宽松的金融环境。对外方面，里根推动制定《综合贸易法案》，全面修改《1974 贸易法》，推出了用单边政策强力打开国际市场的"301"条款，意图凭借"301"条款进一步撬开国际市场，为美国的"再工业化"创造更大的市场空间。同时，他主张对部分制造业产品实施出口补贴或进口限制，以缩小巨额的外贸逆差，恢复和加强美国制造业的国际竞争力。

客观来讲，美国第二次"再工业化"政策的目标并未完全实现，反而由于其政策的失误和行动的偏离积累了越来越多的问题。特别是里根总统在推进第二次"再工业化"进程中，由于大幅度放松金融规制，助长了金融投机现象，最终在 1987 年 10 月 19 日酿成引发全球恐慌的"黑色星期一"事件。但人们大多将"黑色星期一"的出现简单归结于技术原因、"羊群效应"等外生或偶然因素，没有从美国"再工业化"政策中寻找根源，更不用说对其政策弊端进行反思。此外，里根连续两届总统在任期间，是美国经济发展最好的 8 年，进一步掩盖了"再工业化"政策可能存在的负面影响。比尔·克林顿 1992 年就任美国总统后基本延续了里根的政策主张，推出了《金融服务现代化法》，进一步推动了金融自由化进程，给金融业的发展带来了又一次历史性变革。美国一系列金融自由化政策累积了大量的金融风险，最终导致了 2007 年次贷危机的爆发，并演变成全球金融危机。危机爆发后，美国经济尤其是制造业遭受重创：美国制造业开工率只有 65%，是第二次世界大战结束以来的历史最低点；汽车、钢铁、化工等行业全面亏损，带来企业倒闭潮和失业潮的双重冲击。

3. 2009 年奥巴马政府开启的第三轮"再工业化"

面对金融危机带来的棘手困境，奥巴马政府自 2009 年推出一系列经济刺激计划和产业政策，开启了美国第三次"再工业化"进程，也是美国历史上规模最大、政策体系最为完善的一次产业改革：一是出台引领制造业发展的战略规划，将发展制造业上升为重要的国家战略。奥巴马于 2009 年 12 月签署《美国制造业振兴框架报告》，将制造业视为美国经济的核心。此后，美国政府又制定了《2040 年制造业规划》。2010 年 8 月，奥巴马又签署了《制造业促进法案》。二是大力推动制造业"绿色"化。奥巴马上任后实施"绿色新政"，《2009 年美国复苏和再投资法案》《美国创新战略》《绿色能源与安全保障法案》《美国清洁能源安全法案》等都围绕着"绿色新政"展开，表示将大规模投资清洁技术、清洁能源、再生技术等领域的研发和应用。三是推动制造业的"智慧型"成长。美国在《2009年美国复苏和再投资法案》《美国创新战略》中都强调要加大投资基础研究，恢复美国在基础研究领域的国际领先地位。四是为"再工业化"战略打造良好的国际贸易环境。包括公布贸易救济措施的 14 条建议，创建"出口促进内阁"，重设"总统出口委员会"，创设制造业政策办公室以及成立跨部门贸易执法部门等举措。即使是对奥巴马执政理念持否定态度的特朗普，在上台后也采取了对内降税、对外抬高关税和技术壁垒、鼓励制造业回归等更激进的政策措施加速推进"再工业化"。2017 年 1 月，特朗普在总统宣誓就职演说中提出了"买美国货、雇美国人"的经济政策原则，明确将发展美国制造业、扩大制造业就业规模写入国家发展战略。受美国经济辐射影响，一直跟随美国的"去工业化""再工业化"进程的众多国家也开启了各自的"再工业化"进程，"再工业化"呈现出全球化趋势。

三、美国"去工业化""再工业化"的特征

1. 两种价值取向的较量与美国"去工业化""再工业化"进程

美国"去工业化""再工业化"进程中，始终存在着两种价值取向的激烈摩擦与较量。第一种价值取向是：对内，按照"配第—克拉克定理"，通过引导投资、产业结构向服务业转移，使服务业成为主导产业，以此使经济能够保持可持续发展；对外，通过对外直接投资将价值链中附加值较低的制造业环节转移到国外，集中精力专注于附加值较高的环节，以保持和提升制造业的国际竞争力。第二种价值取向是：在"去工业化""再工业化"进程中，不但要驱使投资、产业结构向服务业转移，使服务业成为主导产业，而且要使金融业成为服务业的核心，即不但要使经济"服务化"，而且要使经济"金融化"。在美国的"去工业化""再工业化"进程中，这两种价值取向的激烈摩擦与较量导致的最终结果是第二种价值取向始终占据主导地位。在上述理念的支配下，特别是受资本逐利本性的驱

使，美国的"去工业化""再工业化"进程演变成为经济的"服务化""金融化"，乃至演变成"投机化""虚拟化"。从而使美国的"去工业化""再工业化"走入歧途，最终导致虚拟经济的崩溃、次贷危机和金融危机相继爆发，留下了沉痛的教训。

2. 两种价值取向的较量与美国经济的"服务化"

如前所述，虽然两种价值取向有着本质的不同，但它们对发展服务业的价值取向却差别不大，于是在这两种价值取向的推动下，美国的服务业得到了超常的发展。在"去工业化"启动前的 20 世纪 50 年代，美国服务业产值占 GDP 的比重、服务业吸纳就业的比重就超过了 50%，到 2004 年，服务业产值占美国 GDP 的 83%，吸纳了美国 85% 的就业，服务业的快速发展也使美国成为世界上最大的服务贸易顺差国，这与美国货物贸易长期存在着的巨额贸易逆差形成了鲜明对比。

美国服务业的政策取向，对内突出表现为放松管制、鼓励创新、促进竞争、注重效率；对外则表现为在国际上大力推行和宣扬服务贸易自由化政策。美国的《1974 贸易法》首次提出要把服务贸易纳入其外贸政策体系之中。1984 年的《贸易与关税法》、1988 年的《综合贸易与竞争法》以及 1994 年的《国家出口战略实施报告》等都将服务贸易置于优先地位，并授权总统使用"301 条款"和"超级 301 条款"对妨碍美国服务贸易扩张的国家或地区进行打压或报复。

伴随美国服务业的超常发展，服务业已经成为吸收和解决就业的最主要领域。尤其服务业对 GDP 和就业的高贡献率掩盖了其潜在的副作用，甚至有人认为服务业的高速发展预示着美国经济进入了"新经济"时代，从此将摆脱经济周期的影响。然而，虽然美国服务业的发展符合"配第—克拉克定理"，但在"去工业化""再工业化"的进程中，美国却教条式地理解三次产业发展的一般规律，人为地推动服务业超前发展而脱离实体经济发展的需要，导致美国经济的"服务化"。

3. 两种价值取向的较量与美国经济的"金融化"

在美国经济"服务化"的过程中，美国的金融自由化得到了快速发展。美国 1982 年出台的《加恩—圣杰曼存款机构法》、1987 年出台的《银行平等竞争法》，特别是 1999 年出台的《金融服务现代化法》，使金融业自由化得到了空前的发展。金融业在美国境内获得了独立的地位，而且一跃成为美国经济的支柱产业，大量资源不断地涌向金融业，从而使美国经济快速地向金融化方向发展。

随着美国经济金融化的深化，一方面，金融业巨头们获得了超强的议价能力，通过利益捆绑影响甚至干预着上层决策；另一方面，"金融思维"既成为美国经济发展的主导思维，也成为美国应对金融危机的主导思维。例如，2008 年金融危机爆发后，美国联邦政府的救助计划中"金融思维"的色彩极为鲜明：面对流通性危机，美国政府的应对之策是出资收购不良资产来拯救金融体系，此举遭到民众的强烈抗议，他们反对政府用所纳税款来拯救华尔街贪婪的"金融大鳄"们，于是发起声势浩大的"占领华尔街"运动。

不仅如此，美国经济的金融化，特别是脱离实体经济的过度金融创新和金融投机行为泛滥，造成了世界范围内严重的"金融污染"，许多国家跟随或模仿美国进行所谓的金融创新和金融投机，导致全球金融资本急剧膨胀。据国际货币基金组织统计，全球金融资产价值 1980 年只有 12 万亿美元，与当年全球 GDP 规模基本相当，而到了 2007 年，全球金融资产价值达到了 230 万亿美元，即在不到 30 年的时间内全球金融资产价值增加了18.2 倍，而同期 GDP 只增加了 4.6 倍。

4. 两种价值取向的较量与美国经济的"虚拟化"

随着美国经济的"金融化"，资本的趋利性被进一步激发，大量资本投向了回报率极高的金融业和金融产品，使美国经济呈现出明显的"虚拟化"特征：资金大都流向了房地产、股票、债券和金融衍生产品市场，进行投机炒作。过热的虚拟经济形同一个巨大的"抽血"系统，造成了产业之间资源流向的"马太效应"，使实体制造业不仅越来越受到各种资源尤其是金融资源的冷落，资源的不断流出还加剧了实体经济长期处于"失血"状态的困境。导致在 2008 年金融危机爆发后，美国政府即使实施了多次大幅度的量化宽松政策来解决债务积累问题，仍难以扭转或改善资金流向，信贷和新增的货币并没有流入实体经济甚至流通领域，而是在虚拟经济体系内"空转"。

5. 两种价值取向的较量与美国产业的"空心化"

当人们谈到一国的产业空心化问题时，往往会将其与对外直接投资和跨国产业转移相联系。以"制造业投资流出指数"来测算美国产业空心化的程度可以发现，20 世纪 80 年代初到 90 年代末，美国的制造业投资流出指数始终大于 1，考虑到该时期美国对外直接投资的产业构成中，制造业投资只是略高于金融保险及房地产投资，因此不能说美国的产业空心化问题完全是由对外直接投资过度造成的，只是相对于其他行业而言，制造业的产业分布受对外直接投资的影响更大。而自 1998 年至今，美国的制造业投资流出指数开始小于 1 并长期处于下降状态，说明美国制造业吸引的国外直接投资额已经大于美国制造业对外直接投资额。由此可见，美国制造业对外直接投资并非是导致美国产业空心化的最主要原因。研究发现，在美国经济的"金融化""虚拟化"过程中，制造业资产平均收益率快速下跌，促使产业资本逃离制造业寻求回报率更高的部门。恰逢政府推行宽松的金融政策，于是大量产业资本涌入了非生产性的虚拟经济领域。2008 年金融危机爆发前，美国金融保险业和房地产业产值占 GDP 比重已超过20%，金融类企业的营业利润占全部企业利润的比例已高达 40%，而同期以制造业为核心的实体经济企业的营业利润占比则从第二次世界大战初期的 50% 下降到了不足 30%。由此可见，美国的产业空心化兼有"离本土化"和"离制造化"的双重特征，其中产业资本的"离制造化"是根本特征。

6. 两种价值取向的较量制约着美国"再工业化"战略的成功

尽管自 20 世纪 70 年代末开始美国相继启动了三次"再工业化"进程，但由于美国前两次"再工业化"的基本理念并未出现实质性的调整，即在两种价值取向的较量中，始终倾向于发展金融服务业而忽视实体制造业的政策失误，制约了美国"再工业化"战略的顺利实施，相反，"去工业化"趋势始终没有被彻底逆转，甚至呈难以阻挡之势。例如，1980 ~

2008 年，虽然美国制造业的产值总体呈现上升趋势，但其产值增长率仅有小幅度提升，且升势持续至 2005 年后再度下滑；工业产能利用率并未发生明显变化，与早期相比甚至有所下降；制造业产值占 GDP 比重、制造业就业人数和比重基本都呈下滑的态势，对比 20 世纪 80 年代和 90 年代数据，下滑尤其明显（见表 4 – 1）。

表 4 – 1　　　　　　　　1980 ~ 2008 年美国制造业发展情况

年份	制造业产值（百万美元）	制造业产值年增长率（%）	制造业产值占 GDP 比重（%）	制造业就业（千人）	制造业就业占非农就业比重（%）	工业产能利用率（%）
1980	154391	—	5. 537	18733	20. 693	84. 5
1990	242686	—	4. 184	10737	9. 807	82. 6
2000	350715	—	3. 524	10877	8. 254	81. 5
2001	330875	– 0. 057	3. 217	10336	7. 841	76
2002	326227	– 0. 014	3. 065	9485	7. 277	74. 7
2003	334616	0. 026	3. 003	8964	6. 895	75. 9
2004	359081	0. 073	3. 026	8925	6. 790	77. 9
2005	395173	0. 101	3. 127	8956	6. 698	80. 1
2006	418330	0. 059	3. 122	8981	6. 599	80. 7
2007	423423	0. 012	3. 008	8808	6. 401	81. 3
2008	431929	0. 020	2. 991	8476	6. 184	77. 9

资料来源：美国劳工部，《总统经济报告》，2010 年 7 月。

第二节　日本模仿美国"再工业化"政策

由于日本"去工业化"进程几乎与美国的"再工业化"进程同步，因此模仿美国的日本"再工业化"政策呈现出在"去工业化"和"再工业化"之间摇摆、交织的"混沌"特征。

一、日本模仿美国"再工业化"的产业政策

自 20 世纪 70 年代末开始，美国进行了三次"再工业化"进程，其政策重心可总结为以下几点：一是出台鼓励制造业发展的政策性文件，将发展制造业上升为重要的国家战略。在该时期美国的历届总统竞选演讲中，可以看出"再工业化"从"口号"到"纲领"，到提出具体的产业政策，并最终成为引领国家发展方向的战略性规划的过程。二是通过各种手段为"再工业化"创造出更大的市场空间。包括对内放宽金融规制、加速资本市场自由化，对外修改贸易法、干预外汇、推出强势贸易条款等，极大地扩充了"再工业化"的国内外发展空间。三是推进技术创新，鼓励发展先进制造业，力求在高端制造业和前沿技术领域取得突破。四是受制于时代背景，"再工业化"政策的制定和出台具有明显的危机应对特征。以期在短时间内快速实现提振国内市场、拉动经济增长的目的。比较日本同期所制定的相关产业政策，可以看出两国之间的政策倾向十分相似。

日本产业结构审议会在 1970 年公布的《70 年代的通商产业政策》中明确提出：制造业产业结构要从以资本密集型的重化学工业为中心向以知识密集型的加工装配工业为中心转变。1975 年公布的《产业结构长期展望》强调要进一步强化尖端技术开发。1978 年制定的《特定机械产业振兴临时措施法》明确规定，加强对集成电路、电子计算机、飞机等产业的扶持，对尖端技术领域的开发提供政策补贴、税收和金融优惠；允许企业成立"萧条卡特尔"，帮助停产企业转产，鼓励产业海外转移。日本通商产业省 1980 年发表的《80 年代的通商产业政策》提出了"技术立国"的方针，制定了"创造科学技术推进制度""下一代产业基础研究开发制度"等重要的研究开发制度，以及推动产官学的科技合作与交流，推进产业结构高度化等措施。进入 90 年代，为了走出泡沫经济崩溃后经济持续低迷的困境，日本先后出台了一系列产业政策，提出了《新技术立国》（1994）和《科学技术创造立国》（1995），并制定了"以科学领先，技术救国"的方针，调整产业结构，加快建设知识密集型产业。1995 年 10 月，日本产业结构审议会基本问题分委会在《面向 21 世纪的日本经济结构改革思

路》报告中指出，日本应该重点开发新的产业领域，并向高附加值产业转移，为此要通过放松管制、促进竞争来创造必要的政策环境。为了重点开发新的产业领域，1995 年日本确立了"21 世纪文化立国"战略。1998 年 3 月，为了应对 1997 年东南亚金融危机，通产省推出了《经济结构改革行动计划》，提出面对全球经济环境变化的挑战，要创造新产业，包括信息和电子技术、新制造技术、航空和空间技术、新能源等新兴产业，并承诺为这些新兴产业提供资金、人才和技术保障。2001 年，日本政府明确地提出，要在十年内把日本建设成为世界第一知识产权国。2003 年日本组建了由内阁总理大臣挂帅的"知识产权战略本部"，下设"内容产业专业调查会"。2004 年，该调查会发表了《内容产业振兴政策——软实力时代的国家战略》，将振兴内容产业作为国家战略的重要支柱，并提出了十项具体的改革措施。同年 6 月，日本国会通过了《关于促进创造、保护和活用内容的法律》，将其作为振兴内容产业的根本政策依据。此后，日本一直致力于发展内容产业，并制定了相关的优待政策，以期将软实力产业培育为新的经济增长动力。2006 年 7 月，日本经济产业省发布《新经济增长战略大纲》，提出了一系列产业结构和产业组织政策，针对制造业、农林、服务业等产业提出了具体的整改措施。2009 年 8 月，日本经济产业省发布《2010 年经济产业政策重点》报告，除了强调传统制造业技术创新的基础性和必要性，还强调产业政策的重点要放在推动可再生资源、IT 等新兴产业的发展上。

二、日本的产业政策兼具"去工业化"与"再工业化"的双重特征

如前所述，日本跟随、模仿美国"去工业化""再工业化"的策略，使其产业政策兼具"去工业化"与"再工业化"的双重特征，表现在以下几个方面。

首先，一方面，20 世纪五六十年代，日本主动承接美国"去工业化"进程中产业转移的机遇，快速推进自身的工业进程；另一方面，在 20 世纪 70 年代完成工业化后，日本模仿美国的产业转移模式，有序地将劳动密集

型产业、资本密集型产业，甚至部分技术密集型产业向东南亚国家和地区转移，开启了自己的"去工业化"进程，进而形成了"雁行式"的国际产业转移格局。进入 21 世纪后这种"去工业化"趋势仍在持续，2004 ~ 2015 年日本各个产业的附加值结构和就业结构如表 4 - 2 所示。

表 4 - 2　　　　　　　　　日本各个产业的附加值结构和就业结构

产业类别	附加价值额				就业者人数			
	金额（万亿日元）		构成比（%）		人数（万人）		构成比（%）	
	2004 年	2015 年	2004 年	2015 年	2003 年	2015 年	2003 年	2015 年
农林水产、矿业、建设	42	39	8.7	7.6	997	868	15.8	13.8
制造业	114	142	22.0	18.9	1100	997	17.4	15.9
服务业	167	184	33.3	36.2	2395	2559	37.8	40.8
第一产业	8	8	1.8	1.2	377	253	6.0	4.0
第二产业	147	173	28.9	25.3	1720	1611	27.2	25.7
第三产业	341	428	89.3	73.6	4223	4409	66.8	70.3

资料来源：日本经济产业省. 日本新经济增长战略［M］. 林家彬，译. 北京：中信出版社，2009.

其次，当日本的"去工业化"开始起步、潜在问题还未充分暴露时，美国却自 20 世纪 70 年代末已顺势进入"再工业化"进程。美国推行"再工业化"初期所显现出的良好效果以及其他发达国家纷纷效仿带来的竞争压力，促使日本也开始其"再工业化"进程。于是，日本的产业发展出现了"去工业化"进程和"再工业化"进程相叠加的现象。这导致了两个方面的后果：一方面，日本简单直接地模仿美国"去工业化"和"再工业化"的理念、政策，使日本难以及时发现其中的弊端，甚至暗藏着的重大失误；另一方面，为了便于"再工业化"战略的实施，美国通过各种手段试图打开日本高度封闭的市场：敦促日本放松国内的规制改革，逼迫日本进行数次大规模的贸易自由化、金融自由化改革，签订"广场协议"迫使日元升值等。内部浮躁的决策氛围和外部强势的压力环境，使得日本在短时间内迅速放大了美国"去工业化"和"再工业化"的政策失误。

再次，2008 年国际金融危机爆发后，以美国为代表的其他发达国家相继掀起"再工业化"浪潮。而日本由于在先前的"泡沫"崩溃中损失惨重，尚未恢复元气，不仅在客观上面临产业外迁后"回流"的巨大成本问题，在主观上社会各界"制造业毁灭日本""日本应继续进行经济金融化"的声音也不绝于耳，使得日本"再工业化"进程未能及时转向正确方向。汤之上隆在《失去的制造业》一书中以半导体产业为例，回顾日本制造业如何败北，向安倍提出质疑：制造业是一个国家经济兴衰的"晴雨表"，经历全球金融危机之后的奥巴马政府开始提出"制造业回归"计划，而安倍在做什么？他认为当下并非如安倍所说的"正是日本引领世界经济复苏的时机"，严肃批评了安倍政府的错误意识。

最后，从日本经济发展的整体趋势来看，一方面，工业化完成后，日本制造业发展面临着生产成本上升、人口老龄少子化导致劳动力短缺、居民环境保护意识增强等压力，因此，政府有意通过"去工业化"将经济发展的重心转向内容产业、旅游业、金融业等现代服务业，注重社会生活基础设施、治理产业发展造成的环境污染；另一方面，日本的"再工业化"政策倾向于通过对外直接投资将传统制造业集群向生产成本较低的国家转移，本土只留下核心技术研发部门，大力推动新型制造、全能型材料开发、机器人等新兴产业发展，寻求在未来的全球高端制造业竞争中占据制高点。因此，日本此时的产业政策呈现出在"去工业化"和"再工业化"政策之间摇摆、交织的"混沌"特征。

三、推行金融自由化政策，形成虚拟资本脱离实体经济的独特运动

在美国贸易自由化、金融自由化压力的推动下，日本被迫实行了从"外需主导"到"内需主导"的经济发展战略的转变，尤其是放松金融管制，实施金融自由化，这一点对日本放大美国"再工业化"政策失误、推动日本泡沫经济膨胀的影响最为直接。

1. 日本的金融自由化政策

日本实施的金融自由化政策主要包括：一是放松银行业务的限制，如

解除对银行金融商品开发和公债买卖业务的禁令等。二是放松非银行金融机构的业务限制，允许非银行金融机构经营存款业务。三是加速银行利率市场化进程。此前，日本官定利率已连续四次下调，到1985年降至5%。尤其为了配合"内需主导型"战略的实施，从1986年1月到1987年2月仅一年有余的时间内，日本又连续五次将中央银行贴息率降低，由5%降至2.5%这一历史最低水平。四是实行金融的国际化。从20世纪70年代起，日本就开始放松对外国银行进入日本的限制（1970年9月），允许非居民发行以日元计价的外国债券（1970年12月），取消了外汇集中制（1972年5月），建立东京美元短期同业拆借市场（1972年4月），建立外汇贷款制度（1972年9月），开始欧洲日元交易等。在此基础上，日本进一步推动了金融国际化的进程，如引进自由利率存款、改善国债的发行方式、扩大国债对外市场等。到了80年代，金融国际化得以全面展开，从1980年底开始实施新外汇法，即《外汇及外贸管理法的修改》，在1984年5月达成的日美日元美元委员会报告中，日本承诺进一步实施金融国际化。五是实行资本自由化。在20世纪60年代两次资本自由化的基础上，日本在70年代又进行了三次大规模的资本自由化：第三次资本自由化（1970年9月），扩大新建企业自由化部门，放宽对参与经营的自动认可限度；第四次资本自由化（1971年8月），除个别审查部门外，对新建企业实行50%或100%的自由化，继续放宽对参与经营的自动认可限度；第五次资本自由化（1973年5月），除例外部门和暂缓自由化部门外，对参与经营的投资均实行100%自由化。经过五次资本自由化日本基本上取消了对外国投资的限制。

2. 金融自由化是一把"双刃剑"

金融自由化为日本企业的融资提供了方便，有利于满足企业尤其是中小企业前期的设备投资需求，促进经济的发展，但激进、过快的金融自由化也带来了巨大的负面效应。

对银行来讲，过快的金融自由化使银行的注意力逐渐偏离了为实体经济服务的轨道。在金融自由化的条件下，银行的主要客户，即大型企业可以通过发行股票、债券筹资，增加自有资金，对银行融资的依赖性明显减弱。为避免银行业务的萎缩，银行将贷款大规模地贷给了房地产业。1991年3月，在东京证券交易所上市的日本各家银行对房地产业的贷款金额高达49.9万亿日元，比1985年3月增加了1.8倍，约占这些银行全部贷款的1/4。于是，银行与房地产业结成了利益共同体：房地产业的发展，使银行的贷款业务发展有了保障；银行贷款对房地产业的偏爱，使房地产业得到了源源不断的资金支持。而当房地产业出现经济"泡沫"时，银行账面价值得到迅速又大幅度的攀升。由此房地产业被银行视为发展前景良好的优质放贷行业，进一步获得银行资金的青睐，导致"泡沫"进一步膨胀。相比之下，银行对实体制造企业十分"冷漠"，制造业的发展难以获得应有的资金支持。

对企业来讲，金融自由化政策的实施和金融商品的不断开发，助长了企业依托"财技术"进行金融投机获取巨额收益的不良气焰。20世纪80年代中期以后，"财技术"不仅风行于日本金融部门，甚至一些实体企业醉心于"财技术"的运用，为此成立了下属机构或子公司专门从事"财技术"业务。在资本市场上，日本企业通过发行债券、股票、可转换公司债券和认股权证等动用大量的资金从事"财技术"业务以投机获利。1985～1990年，日本企业利用"财技术"业务在股市累计赚取了85万亿日元。同一时间，在东京证券交易所上市的制造业企业，其本业利润为1.25万亿日元，而"财技术"收益却高达1.91万亿日元，"财技术"业务的收益是本业经营收益的153%。在房地产市场上，一方面，房地产"泡沫"的膨胀使企业自有土地和房产的价值得到提升，企业的固定资产会计收益相应提高，借此可以顺利获得银行融资；另一方面，由于土地价格不断攀升，土地和不动产的投资回报率也随之上升，企业将更多的产业资金投入房地产市场，参与到投机大潮之中，导致企业本应用于实业的大量资金抽离制造业。而当房地产"泡沫"破裂，地产价格快速下跌时，企业在"泡沫"膨胀时期用于购买土地的大量资金则被迫"沉淀"在房地产市场中无法转移，使企业在本业经营和房地产经营上进退两难，企业资金链断裂带来的负面影响和恐慌情绪迅速蔓延，导致国民经济整体陷入停滞。

对个人来讲，随着金融自由化的发展，日本社会的传统价值观也发生了重大变化。一方面，金融自由化政策的实施使金融市场不断推陈出新，个人的投资渠道进一步拓宽。特别是日本长期低利率的政策环境，使银行存款收益对社会资金的吸引力几乎完全丧失，于是，人们纷纷将手中的资金投入到股票、房地产市场进行投机活动。1984 年后日本金融机构推出了"特定金钱信托"制度，以其所号称的专业性和"旱涝保收"特点，大大降低了个人投资门槛。由此造成大量的民间投机资金涌入股市，进一步推高股价。另一方面，投机活动的高收益及其持续看涨的预期也改变了日本民众的消费观念。1985 年个人消费高利借款只有 5600 亿日元，到 1989 年已扩大至 54900 亿日元，增长了 8.8 倍。个人消费观念的改变又进一步助长了人们参与投机的热情。

银行、企业和个人的投机行为共同提高了虚拟经济膨胀的速度与幅度：一是股价狂涨。1989 年 12 月 29 日日经指数达到了 38915 点的历史最高峰，相比 1983 年的 8800 点上涨了 3.4 倍，远超过同期国民生产总值（GNP）51% 的增长率。二是地价狂升。1990 年日本的土地资产总额为 2389 万亿日元，比 1985 年的 1004 万亿日元上涨了 1.38 倍。从日美土地资产总额的比较来看，按 1990 年时价计算的日本土地资产总额相当于美国的 2.5 倍，日本单位面积的土地价格相当于美国的 62.5 倍。三是日本国民资产膨胀的速度和幅度都达到了前所未有的程度。1985～1989 年，日本国民总资产由 3936 万日元膨胀到 6811 万亿日元，膨胀幅度达到 73%，相当于同期 GNP 增加值 77 万亿日元的 38.1 倍。四是日本加速成为资产第一大国。1987 年，按当年的平均汇率计算，日本国民总资产达 36.9 万亿美元，超过了美国的 35.8 万亿美元，日本成为世界第一资产大国。因此，无论是银行、企业、个人，日本举国上下都沉浸在这种景气带来的幸福之中，甚至被这种幸福冲昏了头脑。人们坚定地相信这种景气会持续上升，不会下降，更不用说景气破灭的可能。然而，虚拟经济的过度膨胀最终还是引发泡沫经济的崩溃：股市持续大幅度地下跌，日经指数从 1989 年 12 月 29 日的 38915 点跌至 1992 年 8 月 11 日的 14823 点，跌幅超过 60%。土地价格也迅速下跌，到 1994 年底，地价较 1991 年的高峰期下跌幅度达 50%。股价、地价的全面下跌使日本国民资产损失惨重，损失数额达到 1086 万亿日元，大批企业和个人破产或处于破产边缘，金融机构的不良债权也高达 70 万亿日元，金融体系的安全受到严重威胁。尤其值得注意的是，日本泡沫经济崩溃的后遗症长期难以消除，其应对国际金融危机的承受力也在严重下降。日本泡沫经济崩溃 17 年后，全球金融危机接踵而至，日本经济增长率在 2008 年 9～12 月骤降为 - 12.1%，创下自 1974 年以来的最低纪录。2008 年 1～12 月，日本倒闭企业总数达 1.268 万家，同比增长 15.7%，负债总额高达 11.9 万亿日元，为 2007 年同期的 2 倍。日本经济下降幅度之大，在第二次世界大战后日本经济发展史上也属罕见。

5 Chapter

第五章
日本"去工业化""再工业化"：
模仿中的偏离与放大

日本的"去工业化""再工业化"进程处于美国"再工业化"快速推进的特殊时期，一系列内外交织的原因导致了其产业政策偏离正确轨道，从而使日本在短时间内迅速放大了美国"去工业化"和"再工业化"的政策失误，即产业结构问题出现得更快、更加严重。这也是日本泡沫经济崩溃大大早于美国金融危机爆发，以及危机后日本经济长期难以走出困境、产业空心化进一步加剧和日本制造面临质量问题等巨大挑战的共同根源所在。

第一节 "去工业化""再工业化"：
加重了日本的产业空心化

20 世纪 80 年代后半期，在"去工业化""再工业化"的进程中，日本对外直接投资也在快速发展，成为当时世界最大的资本输出国。1986 年日本对外直接投资达 220 亿美元，1987 年为 330 亿美元，1988 年增至 470 亿美元，1989 年更是猛增至 675 亿美元，平均年增长率高达 62%。1990~ 2004 年，日本平均每年对外直接投资额约为 270 亿美元，而同期日本平均每年吸收的国外直接投资仅约 40 亿美元。而随后这种差额变得更加悬殊，从 2005 年到金融危机前，日本平均每年的对外直接投资超过 700 亿美元，而其吸收的外国直接投资却仅有约 75 亿美元，输出和输入直接投资的差额达到近 10 倍，这使得日本产业空心化呈现出"离本土化"的鲜明特征。

一、日本产业空心化现象产生的外在原因

人们在解释日本产业空心化现象产生的原因时，往往结合常识和自身经历判断，认为日本劳动力短缺、自然资源稀缺、国内高税率、对外贸易摩擦和汇率升值导致出口约束严重是日本进行对外直接投资的动因。实际上，日本跟随、模仿美国"去工业化""再工业化"战略才是导致日本产业空心化的主要原因。日本通过对外直接投资，不断将劳动密集型产业、资本密集型产业、技术密集型产业生产基地向外转移，甚至到后来，IT、汽车等产业的技术研发部门也开始向国外转移，尤其是向东亚地区转移。其目的在于：一是通过对外直接投资，腾出产业空间和精力专注于高端制造业的发展及核心技术的开发与掌控。这正是美国"去工业化""再工业化"战略的核心特征。二是通过对外直接投资和产业的转移，构建以日本为核心的东亚生产网络，为日本制造业的发展创造广阔的市场空间。然而，事物的发展总是利弊兼有，虽然日本的战略诉求取得了一定的成功，但也最终导致日本产业空心化问题十分严重。

二、日本产业空心化现象产生的内在原因

从产业发展的国际经验看，产业空心化在一国工业化进程中的出现有一定必然性。其主要原因在于：一是人口结构导致的劳动力约束。长期以来日本饱受国内劳动力短缺的困扰。特别是进入 20 世纪 80 年代以来，日

本形成了"高龄少子化"的人口结构演变趋势，劳动力供给在总量上长期处于紧张状态，导致日本企业的用工成本日益攀升，直接提高了日本国内制造业的经营成本。二是自然资源稀缺导致的资源约束。除了人力资源，日本的自然资源供给也一直处于紧缺状态，工业制造需要消耗的大量战略性资源，如石油、天然气等更是难以自给自足，因此，日本几乎所有的工业矿产资源都依赖进口。此外，由于日本可用土地十分有限、地价高昂，使得制造业发展的空间受限，大型工业制造的启动成本巨大。三是高税率导致的政策约束。日本的法定企业所得税为40%，本土公司实际税率为37%，大型跨国公司实际税率为38%，均为全球最高。过高的税收负担使日本国内的制造业企业特别是中小企业不堪重负，从而纷纷到海外寻找税收政策较为优惠的国家或地区进行投资生产。同时，对跨国企业较为苛刻的税收政策也使得许多国外优秀的制造业企业望而却步，这也是日本长期难以获得国外跨国企业投资的重要原因。四是贸易摩擦和汇率升值导致的出口约束。第二次世界大战后日本实施了出口导向型的"贸易立国"战略，这一战略的实施使得日本在20世纪80年代初成为国际贸易摩擦的主要对象国，遭遇贸易摩擦的商品范围从最初的纺织品等轻工业产品逐渐扩展到钢铁、汽车等几乎所有工业产品领域。为了规避贸易摩擦的影响，日本企业纷纷开始转向海外生产。此外，"广场协议"签订后日元大幅度升值，也是促使日本企业到海外投资建厂和产业资本外流的重要原因。因此，面临国内产业环境的多重约束，向海外转移成为日本企业获得较低经营成本和更广阔市场的重要出路。

三、日本产业空心化的特征

1. 日本企业的大规模海外转移

日本企业的海外转移从生产制造的初期环节逐步扩展到了企业价值链的加工增值环节，并呈现出难以逆转的趋势。从制造业内部的行业分布看，日本加工类制造业中海外企业所占比例在过去20年中出现了翻番式的增长，而材料类制造业中海外企业的数量比例也在2007年超过了2/3。在此期间，日本国内注册企业的海外生产比率长期保持着上升的态势，海外注册企业的生产比率虽然呈现出一定的波动性，但总体上也在上升。从企业数量来看，日本制造业中海外企业数已经占全部企业的一半以上，以企业数量计算的制造业海外生产比率已达到空前的高度。特别是日本许多大型龙头企业向海外转移的过程中，也带动了上下游配套企业的转移，这种产业集群式的大规模转移对日本国内制造业零部件和配套设施的供应环境造成了巨大影响，从而形成了大中小型企业相继向海外转移的连锁反应。

2. 日本产业资本的大量流出

日本企业陆续向海外转移生产能力也意味着日本国内资本向海外的大量流出。此外，日本长期以来一直将出口制造业产品和海外投资作为其主要经济优势，而对外国资本进入设置了诸多限制，由此造成日本吸引外资的金额与其经济规模的比例在世界上长期处于末位，是典型的对外直接投资逆差国。1990～2004 年，日本平均每年有约 230 亿美元的投资净流出，2005 年至金融危机前，日本对外年均投资净流出的规模已超过 600 亿美元。在日本对外直接投资长期失衡的局面下，国内制造业发展所积累的大量产业资本流向了海外。随着核心生产部门甚至核心技术部门也转移至海外，海外企业的经营所得大部分都"内部消化"用于再扩张，未能流回本土，使得投资差额也难以从自身进行弥补。

3. 日本海外转移之路导致产业空心化

1970 年起，日本在迅速实现工业化之后便追随美国开始了本国的海外转移进程。随着日元的升值，日本企业更倾向于通过对外投资来实现企业扩张。1985 年"广场协议"签订后，日本大幅度开放了本国的金融市场，使得日元进一步升值（见图 5 - 1）。

得益于经济的飞速发展，日本不断提升本国的国际影响力，已然成为亚洲第一强国。在日元升值的大背景下，日本试图构建"东亚经济圈"。为了实现此战略，日本加大了对东亚各国的投资，截至 20 世纪 80 年代末，日本对东亚其他国家和地区的投资额已超过 500 亿美元。

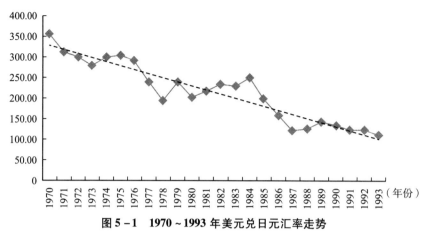

图5-1　1970～1993年美元兑日元汇率走势

资料来源：CEIC 数据库。

　　后期日本的产业转移不单单是大型制造业厂商的个体企业转移，而是整个行业的集群化转移。传统制造业厂商的转移带动了上下游配套企业的转移，这种大规模、"连根拔起"式的产业集群化转移，进一步挤压了国内制造业的发展环境，使得国内制造业竞争力下降。考林等（Cowling et al.，2001）对日本机械制造企业进行分析，认为机械制造是带动日本经济增长的核心生产部门，日本企业的海外转移产生了明显的替代效应，严重抑制了国内制造业的发展，也对国内其他产业的就业、贸易、产出均产生了明显的负面影响。

　　日本进行海外转移的过程中，对外投资多，外商对内投资少。1994～1999年，中国吸引的外资额是日本的十倍，日本吸引的外资额甚至不及美国的5%，这种国际投资内外严重不对称的情况也是导致日本产业空心化的原因之一。同样面对该问题，美国采取的策略是在"再工业化"开启之初就大力发展本国高新技术产业，从而将高新技术应用于制造业；反观日本，泡沫经济的破裂暴露出日本长久以来老旧产能过剩、僵尸企业大量滋生等问题，日本没有及时发展新兴产业和先进制造业，仍以传统工业为主，前沿技术发展滞后，难以吸引外资，直到金融危机后这种情形才有所改善（见图5-2）。

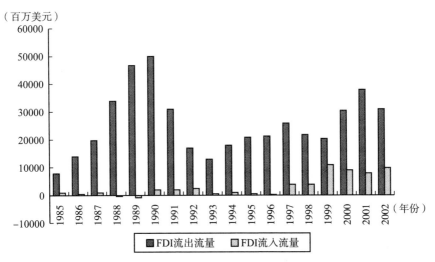

（百万美元）

■ FDI流出流量　　□ FDI流入流量

图5-2　"广场协议"签订后日本对外直接投资流入与流出

资料来源：UNCTAD。

综上所述，日本的对外投资之路促使本土制造工业大量外迁从而导致本国制造业竞争力迅速下降。1994年日本内阁发布的《经济白皮书》也认为，日本产业空心化的直接导火索是对外直接投资规模增大导致的本国生产产出和就业下降，实质就是制造业"空洞化"。2008年全球金融危机爆发后，发达国家也逐渐认识到制造业的重要性，相继提出"再工业化"战略，日本也紧随其后。

4. 震后为确保产业链安全实施的战略性转移

2011年3月11日日本东北部太平洋海域发生的里氏9.0级大地震对日本造成重创。日本制造业的核心生产部门，如机械钢铁、石油化学、汽车、核电等行业大多聚集在东北地区和关东地区，地震使这些企业的生产能力遭受了毁灭性的破坏。

日本东北部海岸主要是以化工企业为主，位于千叶和宫城的化工生产基地遭受重创。地震后被迫关闭的大型炼油厂有五家，其中包括国内第四大石油生产商科兹莫石油位于千叶的炼油厂。受地震波及的炼油厂总产能约130万桶/天，占到日本总加工量的30%，因此对日本的能源市场打击巨大。许多化工厂的生产设备过于老旧，地震之后也需要彻底翻修或重建。日本的制造业所耗电力较多，占到国内总用电量的75%。而地震导致福岛核电站出现严重的核泄漏，短期无法重新投入生产，直接影响了日本国内的电力供应。

地震中受损最严重的制造业主要是汽车行业，特别是汽车零部件产业，日立、瑞萨等零部件企业的工厂大多集中在东日本地区。日本作为全球多数汽车厂商的零部件供应国，其生产的微控制器、自动变速器等电子产品缺少替代。此次大地震导致的零部件短缺导致全球零部件供应链几近断裂，全球数家整车厂商的生产一度停滞。根据当时全球领先信息服务公司埃信华迈（IHS Markit）发布的IHS报告，日本此次零部件短缺问题将使得全球范围内的汽车产量缩减1/3。

由此可见，2011年的"3·11"大地震对日本制造业的影响极大。日本部分制造厂商已在海外打开市场，而本土制造业老旧厂房较多，设备更新换代较慢，对电力资源的依赖较强，因此在震后重建工作中，国内受损严重的制造业厂商也将新厂位置定在海外。值得注意的是，震前日本制造业只是策略性的转移，即企业挑选利润低、工艺简单或高污染的非核心环节转出，目的是利用地方优惠政策，接近需求市场，降低生产成本。震后则倾向于战略性转移，为了确保产业链安全、优化产能布局和规避汇率风险等。相比于前者，战略性调整不仅会转移更多的核心生产环节，甚至有可能将研发总部、供应链枢纽或组织总部进行转移，即制造业的核心技术研发环节也面临"离本土化"。

四、与产业结构升级不同的产业空心化

根据前面"配第—克拉克定理"的理论阐述，随着一国经济发展，产业结构将逐步迈向更高层级，即由基础农业向高附加值的工业和服务业依次升级。学者们将这种产业结构随一国经济发展而交替升级的经济增长规律称为产业结构效应。产业结构效应代表产业升级的基本方向，以当前各国经济发展现状来看，产业结构效应包括两种主要的表现形式：一种是一国产业在扩张和发展阶段普遍呈现出的产业结构升级；另一种即当前所讨论的一国产业在进一步调整和升级阶段，尤其工业发展后期向服务业转化

过程中出现的较为"失控"的产业空心化。

产业空心化和产业结构升级在表现形式与最终结果上看有不少相似之处。例如，产业升级方向和途径一致，都表现为第一、第二产业的总体规模和占国民经济的比重持续萎缩，而第三产业蓬勃发展，最终形成以服务业为主导的国民经济发展体系。但两者的关键区别体现在对国民经济和国民社会福利的影响效果上。产业结构升级在将过剩产业进行淘汰、调整和升级的过程中，实现了资源的合理配置和生产动能的有效转化，在拉动经济持续、高质量增长的同时，保障了来自第一、第二产业过剩劳动力和资源的及时调动与有效利用，社会整体福利上升；产业空心化与之相反，并未处理好产业升级与生产关系间的动态平衡，片面追求过快的产业升级，导致基础工农业快速衰退，大量过剩劳动力和资源未能实现有效转移，而新兴产业又难以及时弥补基础产业淘汰和升级所丧失的生产动能，进而不可避免地造成了产业结构升级的脱节，表现为一国经济增长持续降速，甚至引起停滞和倒退，大量社会资源和闲置劳动力的浪费造成效率损失，失业率高涨，社会福利严重受损。

相比正常的产业结构升级，产业空心化还具有两个明显的特征。一方面，除了受国内经济结构转型和外部国际环境的压力驱动，产业空心化更多的是本土产业大量和快速转移的后果，这固然与生产企业利润最大化的本能驱使有关，但一国的经济和产业政策对生产厂商的决策影响也不容忽视，甚至可将其看作重要驱动力之一；另一方面，产业空心化与产业结构升级中淘汰落后产能、强化新兴产能的实际效果不同，前者之所以使国民经济持续萎缩，是因为产业空心化所导致的产业衰退是绝对意义上的衰退。过快的产业升级和大量的产业转移，不仅使优质企业及其上下生产线迅速流失，更加剧了本土生产链条和产业体系的全面崩塌。日本的经济发展就是产业空心化的典型案例，工农业迅速衰退、规模锐减，以出口和内需为导向的第三产业又面临国内外市场的持续冲击。制造业大量外迁，经济增长动力在产业升级的衔接上出现空缺，使三次产业之间未能形成虚实经济的良好互动，反而造成恶性循环。本土产业优势不再，新动能尚未成型，最终导致国民经济长期萎靡不振。

五、日本与美国产业空心化的异同

在后工业化阶段，产业空心化不仅是一些发达国家"去工业化"过程中所表现出的共性特征，不同国家因其不同的经济发展状态、政策和社会环境等原因，产业空心化也表现出一定的异质性。仍以美国和日本为例，日本作为追随和模仿美国工业化政策的国家，两者的产业结构都表现出服务业占国民经济比重越来越大以及对外直接投资迅猛增长的演化趋势，但随着结构问题的进一步加深，两国企业不同的投资倾向又使整体经济呈现出不同的产业空心化特征。总体来看，日本的产业空心化更多地表现为"离本土化"，而美国更倾向于"离制造化"。

美日两国除了在产业空心化最终结果上具有共性，在引起产业空心化的原因上，两者均面临国内有效资源不足或生产成本压力的问题。首先，是劳动力储备的短缺。第二次世界大战后两国人口都经历了一段快速增长时期，而到后工业化阶段，熟练劳动力逐渐退出市场，如美国"婴儿潮"时期出生的熟练技术工人均已达到退休年龄。而此时发达国家普遍面临的人口老龄化、人口结构失衡等问题日益突出，后备青年劳动力十分短缺，以劳动力成本为比较优势的传统产业发展模式难以为继。同时，随着收入水平的提高，人们对职业和生活环境的追求日益提高，导致劳动力市场对工农企业的就业意愿持续降低。劳动力短缺是导致经济发展中第一、第二产业逐渐萎缩和衰落的客观原因，也是推动产业升级的内在动力之一。其次，不仅是劳动力，工农业尤其是制造业的生产与扩张也十分依赖基础资源和中间产品的供应，而一国境内的资源总是有限或稀缺的，此时广阔的国际市场就为企业将中低端生产环节外迁提供了利益驱动。工业化前期制造企业通过低投入产出比的生产模式迅速构建起工业系统，随着工业化程度进一步深入，企业面临的成本和环境压力日益增高。而与此同时国际贸易日趋成熟，企业则会倾向于将资源密集型和劳动密集型产业外迁到具有比较优势的发展中国家。在投资过程中，发展中国家凭借利好的外商投资环境和产业引导，相关配套产业和基础设施的不断完善，又增强了对发达国家本土制造企业的吸引力。总的来说，后工业化国家在国内资源日趋收紧的压力下，跨国企业广泛开展的对外直接投资是导致一国境内出现实体制造企业大量外迁的重要原因，这种趋势进一步形成了"离本土化"和"离制造化"的特点。

从成本分析的角度来看，产业空心化是后工业国家产业结构改革或升级的必然趋势或必经阶段，但在不同的资源禀赋、产业基础和政策环境的影响下，不同国家产业空心化具体的形成机理和相应的治理手段也不尽相同。与美国相比，日本国土面积狭小，劳动力人口有限，是典型的资源匮乏条件下发展起来的出口加工型工业国家，其国内产业面临较大的资源和环境约束，受此影响较为严重的企业为了持续经营被迫寻觅海外市场。东南亚诸多发展中经济体仍有广阔的待开发市场和投资潜力，因此跨国产业转移成为边缘企业的最优选择，这形成了日本"离本土化"的产业空心化特征。在应对措施上，日本主要通过培育新兴战略型产业形成新的经济增长动力，以弥补"离本土化"产业转移带来的负面效应。相比日本，美国在资源禀赋和国内市场上更具优势，由于历史和制度原因，美国境内不同地域间工农业水平差异较大，工业重心相对集中，这反而在一定程度上缓解了产业转移的空间压力。但美国在产业升级过程中同样出现了偏离，作为国际金融中心，美国赢得了全球化经济带来的巨大收益，而资本的短期逐利性和监管的疏漏导致资金过多地流向金融、房地产等第三产业，造成虚拟经济过度膨胀而实体经济发展严重受限的局面。在经济高涨的错觉中，美国制造业比重迅速下滑，呈现出明显的"离制造化"。与日本相比，美国的产业空心化更多地表现为部分生产环节而不是整个生产系统的迁移，其中包括对外的直接转移和对内的区域转移。因此在应对措施上，美国能够在加强对虚拟经济和金融风险有效控制的同时，凭借其国内大量待开发的土地、资金和人力资源，将"再工业化"政策重心更有效地落实到实体产业，使其拉动经济增长的作用迅速显现。

第二节　日本"去工业化""再工业化"的后遗症是日本制造业走向衰退的根源

泡沫经济破裂后，日本制造业出现了层出不穷的质量问题和造假事件，人们对其产生的原因进行了多方面探讨。例如，在不断加剧的国际竞争环境下，由于日本国内市场狭小、消费能力疲软、劳动力日益短缺、生产经营成本上升等原因，企业已无法正面应对激烈的竞争，在巨大的压力之下选择了侥幸或冒险的违规操作。这种解释有一定的道理，但也显得极为苍白，因为上述问题和压力，是日本制造业发展过程中所面临的常规问题。实际上，日本制造业频繁出现严重的质量问题和造假事件，其根源在于：在"去工业化""再工业化"的过程中，随着虚拟经济的快速发展，日本制造企业"财技术"收益的急速膨胀，使日本许多制造企业昔日精益求精的"工匠精神"快速消弭，甚至荡然无存，取而代之的是投机心理不断膨胀、蔓延。因此，忽视产品质量，甚至不惜通过造假来维持企业的生存和发展就成为许多日本制造企业的"理性"选择。

一、20 世纪 80 年代日本制造业竞争力达到顶峰

第二次世界大战后日本制造业发展经历了"技术引进"（20 世纪 50 ～ 70 年代）、"科技立国"（20 世纪 80 年代）、"科技创新立国"（20 世纪 90 年代以后）三个阶段。日本经济实力的迅速提升也得益于其发达的制造业，尤其当 20 世纪 80 年代日本经济进入鼎盛时期，其制造业竞争力也达到了前所未有的高水平。

1. 日本"去工业化""再工业化"进程初具成效

美国是"去工业化""再工业化"的实践者，更是"去工业化""再工业化"的示范者。美国"去工业化""再工业化"对日本的影响极为深远。一方面，日本充分利用美国"去工业化"所带来的契机，加速自身的工业化进程。20 世纪 50 ～ 70 年代，日本搭上了美国"去工业化"进程中产业转移和技术外溢的"便车"，加速了自身工业化和产业结构调整的进程，工业化质量也得到了大幅度提升。凭借"匠人精神"和优秀的二次创造能力，日本产品的质量享誉全球。当日本在 70 年代完成工业化进程后，便开始顺势模仿美国的产业转移模式，有序地将劳动密集型产业、资本密集型产业甚至技术密集型产业向东南亚国家和地区转移，开启了优化自身

产业结构的"去工业化"进程。另一方面，日本在"去工业化"的同时，追随美国实施了一系列"再工业化"政策，客观上在一定时期内显著推动了高端制造业的发展，形成了一批独具日本特色甚至行业龙头优势的先进制造产业。

2. 日本制造业竞争力达到顶峰

第二次世界大战战后日本努力克服资源禀赋的缺陷，依靠制造业体系的快速发展，不仅确立了制造业大国的国际地位，奠定了"日本制造"誉满全球、世界一流品牌的基础，而且成功跻身世界产业链的高端位置，提升了日本制造业的全球竞争力。具体表现在：经过 20 世纪 60 年代重化工业的发展，日本在 70 年代逐步确立了汽车、半导体等制造业领域的领先地位。到 80 年代，日本制造业中半导体、汽车、消费电子等领域的竞争优势显著，尤其是汽车、精密仪器、办公自动化、设备制造等需要"高精制造管理"的行业成为日本制造业核心竞争力的代表，具备世界一流水平。从产品的国际市场占有率来看，1985 年日本最具国际竞争力前 50 种产品大多数从属于电子产品、家用电器、钟表、照相机、船舶、加工机械、钢铁、汽车和摩托车等一大批工业集群。1996 年进入《财富》"世界 500 强"的日美企业数均为 99 家，可以说日美两国在当时并驾齐驱引领着全球制造业的发展。丰田、日立、索尼、松下、日产、本田、富士通、三菱等闻名全球的日本制造企业更是稳居"世界 500 强"的前 100 名。

图 5-3 为日本自经济高速增长以来近半个世纪的制造业贸易竞争力指数（TC）和显示性比较优势指数（RCA）走势。如图所示，日本制造业竞争力指数在经济高速增长时期开始不断上升，1962~1985 年一直维持在1.54~1.65 之间，说明日本制造业具有很强的国际竞争力，TC 指数在此期间从 0.52（1962 年）最高上升到 0.71（1977 年）。RCA 指数在 1985 年后有所下降，但总体水平超过 1，说明贸易竞争优势显著。

3. 日本制造业软实力迅速提升

日本制造业的竞争优势不仅体现在劳动生产率和全要素生产力等"硬竞争力"上，也体现在人才和企业管理等"软竞争力"上。20 世纪 80 年

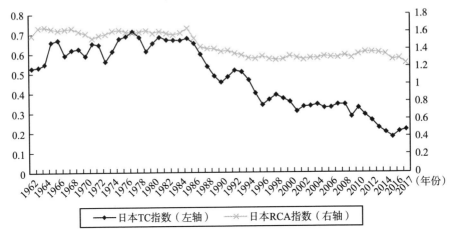

图 5 – 3　日本制造业 TC 指数、RCA 指数变动趋势

资料来源：根据世界银行网站数据计算制作。

代日本制造依靠"技术＋技能"的生产理念闻名全球，不仅在纳米技术、生物医药、电子信息等高精尖领域科技均处于世界领先水平，而且在研发投入、科研水平、专利数等方面更是取得举世瞩目的辉煌成绩。除此之外，日本制造业十分重视技术人才的培养，善于利用以丰田"精益求精"生产模式为代表的先进管理理念和方法。具体来看，日本制造企业积极开展"产学研"合作不仅培养了大量训练有素的工程师，为行业输送大量技术人才；出国留学的日本年轻人也倾向于在技术领域深造，丰富了制造业技术人才储备，为 21 世纪培养出了众多诺贝尔自然科学奖获得者；以终身雇佣制、年功序列、企业内工会为代表的日本经营法宝，也成为当时欧美企业学习的典范。

二、"去工业化""再工业化"：日本制造业竞争力下滑

日本制造业优良的品质和强大的竞争力是日本经济高速增长的重要基础与保障。日本的"去工业化"和"再工业化"取得了一定成功，但忽视了其中的弊端和问题，未能及时解决，最终导致日本制造业"风光不再"。随着 20 世纪 90 年代日本泡沫经济破灭、经济陷入长期衰退，日本制造业企业利润率下降、"丑闻"事件频发，曾被享誉为"日本制造神话"的产

业竞争力不复存在，导致日本经济的复苏和发展也屡屡受阻。尤其近年来知名制造业企业财务造假、数据造假、质检人员违规操作、产品质量不合格等种种"丑闻"的曝出，显著减弱了日本制造业全球品牌的优势，成为学术界和企业界所关注的重要课题。

1. 日本制造业的整体实力下滑

"日本制造"曾是质量优异、管理规范、品牌优质的代表，然而，以泡沫经济破灭为契机，日本经济增长陷入衰退，日本制造业企业利润率开始普遍下降，整体实力显著下滑。如图 5 - 4 所示，20 世纪 80 年代日本平均实际 GDP 增长率超过了 3.5%，经济进入了繁荣期，而到 90 年代，日本平均实际 GDP 增长率下降到 1% 左右；体现制造业竞争力的劳动生产率，以及体现制造业上市公司盈利水平的资产收益率（ROA）指标在同期也有显著的下降。

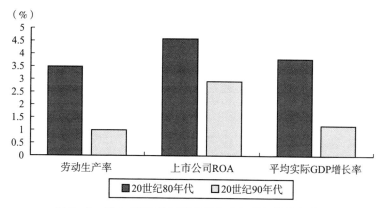

图 5 - 4　日本 GDP 及制造业竞争力相关经济指标变化

注：资产收益率 = 利润总额/总资产总额。

资料来源：《强化竞争力的 6 个战略》，日本经济产业省产业竞争力战略会议，2002 年 5 月 10 日，http：//www. meti. go. jp/report/downloadfiles/g20605d31j. pdf.

通过与其他国家的横向比较来看，日本平均劳动生产率在全球的排名，从 1995 年的世界第 2 位下滑至 2014 年的第 11 位。电气机械作为日本长期以来的优势产业，其国际市场份额不断缩小，根据联合国贸易商品统计数据库（UN Comtrade Database）统计，日本占全世界电气机械产业出口总额的比重在 2000 年时为 12.2%，到 2014 年时降至 4.4%。相反，韩国和中国的比重不断上升，2000年两国电气机械产业出口额占世界的比重均为4.7%，到2014年，韩国上升至5.8%，中国则上升至24.3%。进入21世纪后，虽然日本制造业中电子产品、汽车零部件等中间品领域依然具有高品质、高技术含量的绝对优势，但家电企业集体陷入困境，半导体产业竞争力下降、市场份额迅速下滑亦是不争的事实（张玉来，2018），曾经以产品高质量和高性价比闻名的日本制造业正经历着由盛到衰的历史转折。

2. 日本头部制造企业国际竞争力下滑

日本制造业国际竞争力下滑，表现最为明显的是其头部代表性制造企业的经营利润和企业价值增速放缓，逐步落后于世界先进水平，通过分析《财富》"世界500强"榜单中美日两国企业数量的变化，可以印证这一趋势（见表5-1）。

表5-1   《财富》"世界500强"日本、美国企业变化情况   单位：家

国家	1996年	2006年	2016年	2006年比1996年增减	2016年比2006年增减	2016年比1996年增减
日本	99	70	52	-29	-18	-47
美国	99	170	128	71	-42	29

资料来源：根据美国《财富》杂志公布的数据整理。

由表5-1可见，与美国企业在《财富》"世界500强"榜单上的绝对数量上升情形相反，日本企业的绝对数量直线下降：1996年时，榜单上的日本企业多达99家，与美国上榜企业数量持平。但到2006年，日本上榜企业数量已经减少至70家，仅是美国的41%；到2016年，日本上榜企业数量将为52家，比1996年锐减近一半，且被中国反超，上榜企业数量仅是中国的54%。从日本一些知名企业在《财富》"世界500强"中的排名变化情况来看，其下滑趋势更为明显（见表5-2）。

表5-2   日本部分企业在《财富》"世界500强"中排名的变化情况   单位：位

企业	1996年	2006年	2016年
丰田	8	8	8
日立	13	38	89

续表

企业	1996 年	2006 年	2016 年
松下	19	47	131
日产	24	41	59
东芝	32	87	157
索尼	40	65	116
本田	46	31	44
富士通	54	133	251
三菱汽车	62	345	—
佳能	131	170	334
马自达	170	235	429
三洋	183	300	—
夏普	205	242	470
铃木	207	249	436
理光	373	391	—

资料来源：根据美国《财富》杂志公布数据整理。

由表 5-2 可以看出，自 1996 年到 2006 年再到 2016 年，日本知名企业在《财富》"世界 500 强"中的排名只有本田有小幅上升（若以 2016 年与 2006 年相比，本田的排名也下降了 13 个位次），其他企业都在下降。其中，1996~2006 年排名下降超过 100 个位次的企业有两家：三菱汽车下降了 283 个位次，三洋下降了 117 个位次；2006~2016 年排名下降超过 100 个位次的企业增至七家，分别为：松下（112 位）、东芝（125 位）、富士通（197 位）、佳能（203 位）、铃木（229 位）、马自达（259 位）、夏普（265 位）。以日本国内头部企业的表现来看，经过"失去的 20 年"后，日本经济始终没能回到正常发展轨道。在这一背景下，日本企业进入较为艰难的存续和转型期。

三、日本制造业竞争力下滑的表现和特征

1. 日本制造业利润水平下降

净资产收益率（ROE）是衡量公司运用自有资本效率的指标，体现企

业自有资本获得净收益的能力，也是代表企业盈利水平的重要指标。因此，一国制造业净资产收益率（ROE）水平不仅能反映该行业的生产和营收能力，在面对金融危机等突发情形时，更能体现出实体经济承受和应对冲击的能力。图 5-5 为日本、美国、欧洲制造业上市公司 ROE 变动情况，可以看出，自 2006 年以来日本制造业上市公司 ROE 始终落后于美国和欧洲。在数值差距悬殊的基础上，当遭遇 2008 年金融危机时，日本制造业上市公司 ROE 的降幅仍大于欧洲，最低不足 2%。虽然危机过后日本制造业上市公司 ROE 缓慢回升，但恢复的程度和速度仍低于欧洲和美国。可见，日本制造业 ROE 较低，抗风险能力较差，不利于制造业利润率及国际竞争力的提升。

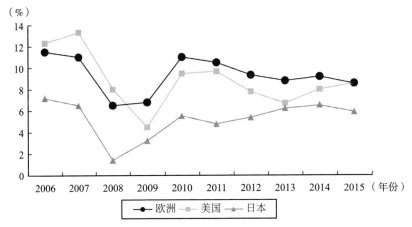

图 5-5 日本、美国、欧洲制造业上市公司净资产收益率（ROE）比较

注：ROE = 当期纯利润/自有资本。

资料来源：《2017 年制造业白皮书》，日本经济产业省。

2. 日本制造业国际竞争力下降

根据瑞士洛桑国际管理学院（IMD）历年《世界竞争力年鉴》统计数据来看，日本在“世界竞争力”中的排名由 20 世纪 90 年代初的第 1 名下滑至 2018 年的第 25 名，降幅十分明显。如图 5-6 所示，2008 年金融危机后，日本制造业的竞争力整体处于北美、欧洲甚至亚洲（包括日本）企业的平均水平之下。到 2015 年，北美制造业企业的国际竞争力为 4.0，亚洲企业为 1.6，欧洲企业为 1.5，而日本企业为 1.3，日本制造业已连续 6 年处于样本国家或地区的最低位。

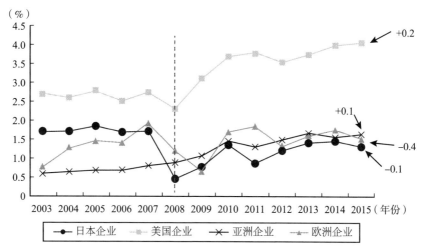

图 5 – 6　日本与美国、欧洲、亚洲制造业国际竞争力比较

资料来源：2016 年日本、美国、欧洲和亚洲制造业的国际竞争力分析，日本机械出口商协会经济报告，https：//www. jmcti. org/info/170120_press. pdf。

图 5 – 7 描述了日本、美国、欧洲和中国机械产业国际竞争力的变化趋势。进入 21 世纪后，日本机械产业国际竞争力从仅次于美国的第二位逐渐下滑，在 2007 年开始低于欧洲企业，次年又被中国反超。虽然经过 2009 年负增长后，日本经济开始复苏，机械产业竞争力逐步回升，但直到 2014 年

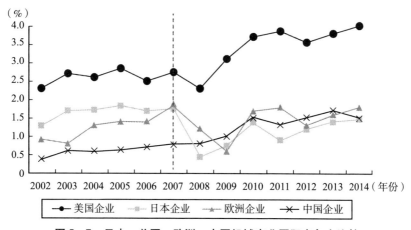

图 5 – 7　日本、美国、欧洲、中国机械产业国际竞争力比较

注：国际竞争力 = 占世界的比重 × 利润率 × 100% 。

资料来源：2016 年日本、美国、欧洲和亚洲制造业的国际竞争力分析，日本机械出口商协会经济报告，https：//www. jmcti. org/info/170120_press. pdf。

日本机械产业国际竞争力水平仍然位于三者之后。显然,十年来日本机械产业国际竞争力下降趋势显著,相反中国企业则从 21 世纪初的最低位稳步上升。

3. 日本制造业贸易竞争力下滑

贸易竞争力指数(TC)是体现国际市场中一国企业竞争力水平的指标。近年来日本制造业在国际市场中的竞争力水平不仅远低于 20 世纪 80 年代中期水平,而且下滑趋势十分明显。如图 5 - 8 所示,2008 年以前,在美国、德国、法国、日本、中国这五国中,日本制造业贸易竞争力指数居首位,而金融危机之后指数开始下降,尤其是遭遇 2011 年"3·11"大地震破坏后,日本制造业贸易竞争力指数下滑趋势显著。

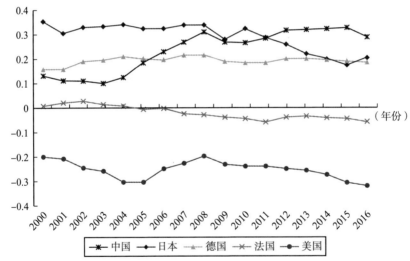

图 5 - 8 2000 ~ 2016 年主要国家制造业贸易竞争力指数(TC)比较

资料来源:根据世界银行网站各国贸易数据计算整理。

日本机电产业曾经是全球最有竞争力的产业,然而其贸易竞争力比较优势(RCA)也在不断下降:从 2000 年的 1.6 下降至 2014 年的 1.1,而同期韩国机电产业 RCA 从 1.7 上升至 1.8、中国从 1.2 上升至 1.9。曾经在半导体、液晶电视、通信器材、蓄电池等机电产品上拥有比较优势的日本,正逐渐被韩国和中国所取代,其国际市场占有率和行业竞争力明显下降。

再从全球出口规模来看，中国、美国、日本、德国四国占全球出口的四成以上，其中中国的出口规模"异军突起"，位居四国之首，而日本出口占全球出口的比重显著下降。如图 5-9 所示，泡沫经济破灭以来，日本制造业出口基本停滞不前。具体来看，20 世纪 90 年代初日本出口占全球比重与美国、德国不分伯仲，但随着日本经济陷入长期的衰退，制造业面临的国内外经济环境日益恶化，日本制造业出口额增长缓慢，占全球比重逐渐下降。2003 年后日本制造业出口额便位居四国之尾，显示出日本制造业出口竞争力的下滑。

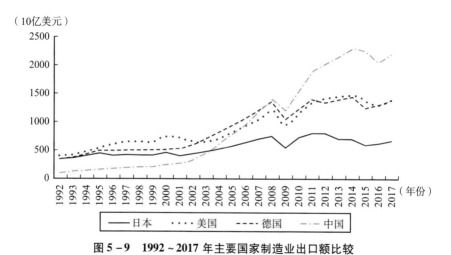

（10亿美元）

图 5-9　1992～2017 年主要国家制造业出口额比较

资料来源：《2019 年制造业白皮书》，日本经济产业省。

4. 日本制造业创新能力下降

　　制造业的竞争力水平表面上取决于制造业企业的经营状况及利润率水平，而在根本上则取决于该行业整体的创新能力。根据世界经济论坛发表的《国际竞争力报告 2018》数据，虽然日本整体的竞争力有所提升，但创新能力（capacity for innovation）由 2012 年、2013 年的第 1 位降至 2017 年的第 21 位。国家的创新发展能力直接影响着制造业创新和转型升级，日本国家创新能力的下降导致制造业创新投入不足，使日本难以维持制造业强国、创新强国的地位。

　　进入 21 世纪之后，企业为了提升国际竞争力，纷纷争取金融、财政上的支持，各种金融创新不断涌现，其中风险投资成为鼓励和支持制造业创新的重要手段。图5－10为中国、美国、日本、德国四国风险投资的规模比较，如图所示，在四国中美国的风险投资规模最大，中国次之，日本最少，仅占美国的1%左右，相差甚远。在现代高新制造业发展日新月异的国际环境下，充足的风险投资可以扶持更多创新型企业的发展。而近年来日本风险投资规模很小，中小企业缺少创新所需的资金支持，尤其在第四次科技革命如火如荼的背景下，日本政府科研经费投入却停滞不前，严重制约着日本制造业的创新发展。

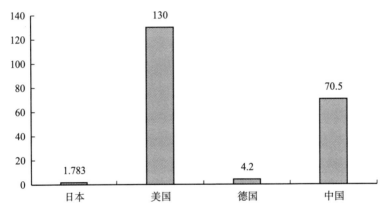

图5－10 中国、美国、日本、德国风险投资资本规模比较

注：日本为2017年数据，美国、德国、中国为2018年数据。

资料来源：《2019年制造业白皮书》，日本经济产业省。

随着第四次科技革命的蓬勃发展，人工智能（AI）、大数据等高新技术广泛应用于制造业，尤其发达国家更是依托高新技术大力发展高端制造业，因此高端制造业的出口规模可以体现出一国的创新能力。如图5－11所示，从中国、美国、日本、德国四国IT、高科技产品的出口规模来看，日本在20世纪90年代初出口规模位居第一位，进入21世纪后不断被其他国家赶超，尤其是2008年全球金融危机过后日本高端制造业出口规模已经落后于美国、德国，近几年出口规模下降后也未见起势，这与自21世纪初开始飞速上涨的中国形成强烈对比。毫无疑问，以IT、高新技术产品为代表的高端制造业出口规模的下降，印证了日本制造业创新能力的低迷以及国际市场竞争力的下降。

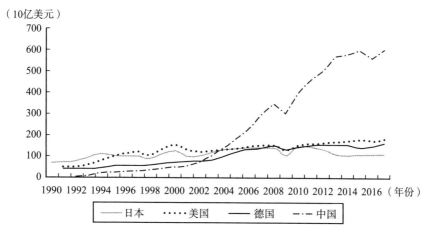

（10亿美元）

图5－11　1990～2016年中国、美国、日本、德国IT、高科技产品出口比较

资料来源：《2019年制造业白皮书》，日本经济产业省。

四、日本制造业竞争力下滑成因分析

受2008年全球金融危机的影响，日本制造业经营环境长期恶化。日本最有名的制造企业索尼公司自2008年以来连年亏损，长期陷入亏损的夏普最终于2016年被中国台湾富士康收购，三洋被松下收购后又转卖给中国海尔和相关投资基金。曾傲视全球的日本制造业如今竞争力屡屡下滑，究其原因，除了受全球市场竞争环境变化等宏观因素的影响外，日本企业经营制度改革滞后、研发效率低、技术人才短缺等结构性问题是其根源所在。

1. 企业未能适应经济全球化下市场竞争环境的变化

随着20世纪90年代以来经济全球化的不断深化，国际市场上制造业竞争的基础模式发生了很大的变化。经济全球化加快了生产要素的全球流动和市场的一体化，而以国内小市场为主的日本传统制造厂商在企业经营和进出口贸易模式上未能及时适应国际环境的变化，丧失了产业竞争力。随着信息化、网络化、数字化时代技术转移日趋便利，中国、东盟等新兴市场经济体凭借后发优势，充分利用供应链系统管理（SCM）等手段，使其产品不仅在成本和技术上赶超了日本，而且通过差异化、个性化的策略提高了市场占有率，导致日本失去了原有的竞争优势。随着新技术和新材料的发展，未来制造业竞争力的角逐将聚焦于广泛应用大数据和人工智能，使工厂的制造工序和供应链的运作更加自动化、高效化与节能化。显然，日本制造业在此领域缺乏建树。与欧美发达国家相比，日本最具竞争力的产业为汽车、机床等传统产业，而企业数字化、智能生产网络、大数据等技术应用则尚为落后。2015 年全球市值最高的 10 家 IT 或互联网企业中没有一家日本公司。而与中国等新兴市场经济体相比，日本制造业也失去了成本和价格优势，如金融危机后中国家电产品的成本普遍低于号称"家电巨头"的日本东芝，导致后者市场份额迅速滑落。可见，日本未能及时适应经济全球化、信息化、网络化时代制造业竞争模式的转变，在世界市场竞争中长期处于劣势。

2. 日本制造业企业技术先进但经营模式落后

20 世纪 80 年代，日本制造业凭借高品质、高效率、低能耗的垂直型一体化生产模式，使其工业制成品在国际市场上具有压倒性的竞争优势。随着 90 年代信息技术的发展，传统的商业生产和经营模式发生了重大变化，而日本在企业数字化水平和企业间 IT 合作的意愿都较低，远落后于美国。例如，日本正是由于不能适应 IT 产业生产经营模式的变化，因此始终没能在发达国家主导的计算机制造业（以电脑为主的自动化数据处理设备）占有一席之地。在经济全球化和信息化背景下，美国企业经营理念的创新性和开放性十分突出，而日本相对传统、保守和封闭的经营（商业）模式难以满足新形势下全球化生产的需求。在大数据、人工智能等技术广泛应用于制造业的背景下，产业间的分类已经逐渐模糊，把握融合发展趋势的企业开始显现其竞争优势。新的物联网（the internet of things，IOT）模式逐步取代了传统的经营模式，一家企业可以横跨多业态，积极运用网络化生产使其产品的附加价值最大化。因此，企业想要快速融入竞争激烈的国际市场，必须充分利用信息通信技术（information and communication technology，ICT），提高企业数字化水平，而日本制造业以精工细作为特点的传统"工匠技术"因其自身的局限性，难以发挥优势。

当前日本制造业中 IT 产业的竞争力明显落后于欧美企业，尤其在利用信息技术创造商业价值的能力上存在较大短板。以英特尔、苹果、微软等公司为代表的欧美信息制造企业迅速崛起，引领了商业模式的新革命，而其中日本明显"掉队"：如苹果公司起初作为制造业企业，致力于网络产品的开发，建立新型业态促进了第三方应用程序研发的商业模式；美国戴尔公司跳过批发零售环节，采用将厂商和消费者直接联通的商业模式；英特尔公司采取了将生产力集中于电脑中央处理器（CPU），通过推进接口的标准化，使第三方可以高效组装成机的商业模式。显然，进入 21 世纪后，相比于新兴市场经济体之间已进入技术和成本的竞争模式，发达国家之间的产业竞争越来越体现为企业经营（商业）模式的竞争。

当日本作为发达国家已经失去了技术和成本优势，难以在硬件制造业上与新兴市场经济体相竞争时，本应尽快借鉴和学习其他发达国家的经营模式，寻找新的竞争优势。然而在信息化、网络化时代，日本在软件制造业上的经营模式也逐步保守、僵化，在服务于该行业的知识产权战略、标准化战略等方面均落后于美国。日本过分注重国内高品质和个性化的商品需求，开发出的许多商品如手机、电视等，其技术和规格并非国际通用标准，这种技术的本土化和品牌化优势反而在全球化市场中成为劣势。1986 ~ 1989 年，全球半导体生产量前三名的企业有日本电气、东芝、日立，然而从 1992 年开始，美国英特尔公司超过日本电气成为世界最大半导体厂商，日立则下降到第 7 位。

导致日本制造业无法适应 21 世纪新商业模式的主要原因在于日本拘泥于传统的经营管理模式难以自拔。例如，以东芝为代表的日本大企业仍将发展重心放在经营范围的扩大上，迟于在经营战略上有所突破和创新，故步自封，未能及时作出审时度势的战略选择和投资。日本公司内部的治理结构同样存在问题，不仅缺乏自上而下快速而有效的决策机制，也缺乏风投企业发展所需的市场环境。日本的风险投资人不会轻易将资本投向创业者，在他们看来，认定一家公司是否值得投资，其信誉、品牌和创始人的资历更重要，而产品是否足够创新、是否有前景则不被重视。不仅如此，虽然日本制造业企业近年来积极学习欧美公司的治理制度，引入了外部独立的董事制度，但其监督机制不健全，无法发挥有效的监督作用，最终导致神户制钢等国际知名制造企业曝出财务造假、技术造假等"丑闻"。毫无疑问，日本企业经营模式的故步自封是导致制造业竞争力下滑的重要原因。

3. 日本制造业研发规模大但效率低

众所周知，日本一直以来是研发强国。如图 5 – 12 所示，2016 年主要国家的制造业研发支出中，日本制造业研发支出的绝对规模虽位居中国、美国之后，但其数额占 GDP 的比重却居四国之首，其中企业主导的研发支出占总研发支出的比率、日本核心科技专利（80% 以上）、企业专利授权率（80%）、专利申请质量均为全球第一。然而，日本研发规模与研发效率却不匹配，即研发投资规模庞大，但体现研发效率的制造业企业生产率、利润率等却不高。

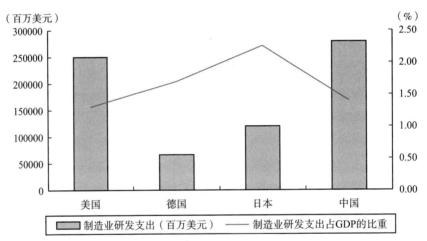

图 5 – 12　主要国家制造业 R&D 支出及其占 GDP 的比重（2016 年）

资料来源：OECD 数据库。

熊彼特认为创新是"发明和市场的新结合"，即科学技术上的突破只能属于科学家实验室中的成果，对企业来说能够与市场相结合的创新才是有效创新。20 世纪 80 年代以来日本提出了"技术创新立国"的战略，而日本制造业及其研究机构一方面对技术产生了偏执的追求，忽视了市场需求，导致研发与市场的严重脱节；另一方面为了提高产品性能，不惜成本地投入研究，从而使日本制造在价格上失去了国际竞争力。例如，一直追求"与众不同"的夏普，为了证明自己独有的技术实力，生产出如四原色（Quattron）、氧化铟镓锌（IGZO）液晶电视等置配特殊技术的产品，而这种"不标准"

的、缺乏兼容性的技术和产品越多，市场对该品牌的接受程度越低，导致企业及其产品极易在技术尚未普及的情况下被市场无情淘汰。

不仅如此，日本制造业虽然重视技术研发，但缺少国际化视野，因此失去了许多海外市场。日本移动通信行业的海外发展就是比较典型的案例。1979 年，日本电报电话公司（NTT）率先开发出号称世界上最先进的个人数字蜂窝通信系统（personal digital cellular telecommunication system，PDC），并表示该项技术标准只能在日本境内使用，计划以此为基础普及至全球；1982 年欧洲电信公司计划开发通用性的通信系统，并在 20 世纪 90 年代中期成功推出全球移动通信系统（global system for mobile communications，GSM）。结果可想而知，包括亚洲在内的大多数国家都采用了 GSM，使之成为世界数字移动通信标准。而此时日本内置 PDC 的手机难以在海外立足，2008 年日本京瓷手机作为最后一款日系手机也撤出中国市场。与欧美企业相比，日本企业开发的前沿技术通用性较低，或与国际标准的匹配度、兼容性较弱。毫无疑问，日本制造业新标准的技术研发与国际化战略相脱钩，必然削弱了日本制造业的国际竞争力。如图 5 – 13 所示，世界主要国家研发中与市场保持密切合作的制造业企业比率中，日本中小型水平最低，大企业的比率也仅高于英国，说明日本制造业企业技术研发的市场转化率较低，缺乏产学研互动，忽视了市场需求，导致国际市场的流失。

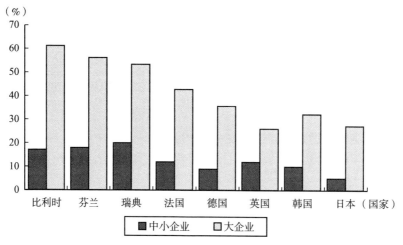

图 5 – 13　主要国家研发中与外界保持合作关系的制造业企业比率

资料来源：OECD，"Science，Technology and Industry Scoreboard 2007"．

日本官民整体的研发费用占 GDP 比重长期保持着世界最高水平，然而，根据图 5-14 日本特许厅 2018 年的统计来看，2000 年后，制造业贸易额前五位国家中，日本的居民专利申请数量明显呈下降趋势，到 2013 年已经落后于中美两国，再次印证了其研发规模与研发效率的不匹配。究其原因，日本研发资金来源结构中，政府所占的比重较低，这就导致一些投资成本高、前期收益低但对行业实现突破性发展极为必要的大型研发计划，因受制于单一民营企业或研究机构有限的资金实力和公司经营压力，无法顺利或深入开展。不仅如此，政府的研发拨款往往流向大企业或效率低下的官商企业，不利于制造业整体行业研发效率的提升。

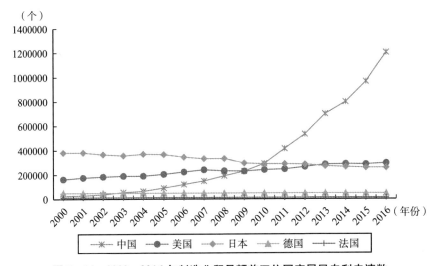

图 5-14　2000～2016 年制造业贸易额前五位国家居民专利申请数

资料来源：《2018 年专利管理年度报告》，日本专利局，https://www.jpo.go.jp/shiryou/toushin/nenji/nenpou2018_xls.htm.

4. 雇佣制度改革下制造业技术人才短缺

如上所述，进入 21 世纪后日本制造业企业技术革新的停滞、经营模式的落后使新产品与日企无缘，需要长期培训的企业技术人员严重不足，导致企业生产效率低下。而一线生产的"临时工化"，更让生产者与消费市场脱节，进一步阻碍了经济的复苏和增长，也引发了各类企业"丑闻"频发。

迈克尔·波特和竹内弘高（Michael Porter & Hirotaka Takeuchi, 2000）认为20世纪80年代日本众多制造业成功的共性因素是具备充足的高素质研究人员和劳动者。然而20世纪90年代泡沫经济破灭后，由于日本经济长期低迷，企业利润不断缩水，以终身雇佣制为基础的员工培训制度开始动摇，企业雇佣制度开始从内部劳动力市场向外部劳动力市场转变。尤其是历届日本政府致力于放松管制，推行了各项结构性改革，如为振兴制造业，日本政府推出了雇佣流动性、创业规制缓和等劳动力市场改革措施。根据日本总务省的劳动力调查结果，2014年65岁及以上仍在工作的人数比上年上涨了45万人，总数达到681万人，创下历史新高。其中只有不过半数的320万人为雇员，而钟点工或临时工等非正式员工多达234万人，占总数的34.4%。在临时工、派遣工雇佣制度下，企业正式员工数量不断减少，导致正式员工逐渐"白领化"，即多数员工被调离一线转而成了管理者和监督者，自身管理经验的不足，加上临时工的技术水平参差不齐，员工周转率较高，导致企业上层无法及时掌握生产过程中可能出现的各项问题，培养熟练技术工的能力也随之下降。

日本经济产业省发布的《2017年制造业白皮书》数据显示，日本80%以上的制造业企业面临数字化、网络化和技术型人才不足的难题。在社会老龄化、少子化背景下，日本企业面临雇佣制度改革和技术人员短缺并存的结构性难题。2016年12月日本经济产业省对企业在维持和强化"一线生产能力"中面临的挑战进行了问卷调查，图5-15描述了由样本企业提及次数较多的部分问题。如图所示，在4578家被调查企业中，面临"劳动力短缺使得人力资源难以保证"问题的企业占比为57.1%，高居榜首，其次为"年轻技术人员的能力正在下降"，占47.9%。可见，排名靠前的两大问题均属于企业人力资源问题。

企业缺乏技术型员工，将直接降低生产现场的处理能力。显然，培养合格的生产制造、质检、安检等技术型人员需要大量时间、资金和经验，因此部分企业经营者为了节省成本，只能"以次充好"，甚至将生产过程中出现的问题直接交由派遣工、临时工等非正式员工处置，从而引发各种产品质量不达标、数据造假等恶劣行为。此外，传统的年功序列、严格的层级制度等日渐僵化的工作环境和选拔机制阻碍着创新型管理人才与技术

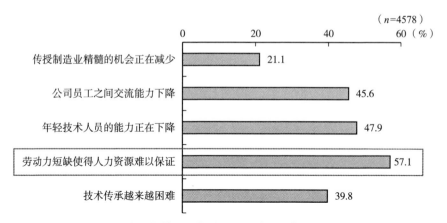

图 5 – 15 企业维持和强化"一线生产能力"中面临的挑战

注：包括复数回答。

资料来源：日本经济产业省调查（2016 年 12 月）。

人才的发展。很多日本制造业企业的质检和安检人员严重不足，只有丰田等少数企业设立了较完备的内部培训机制：在汽车的出厂检验环节，通过学科讲习和技术指导，工人与有资质的技检人员可以共同排查工序。为了弥补质检人才的短缺，企业利用 IT、机器人等智能技术提高效率，在保证标准化、规范化水平的同时，能够最大程度上节省劳动力，而众多中小企业无法承受使用人工智能技术的高成本，技术人员短缺的困境仍难以解决。毫无疑问，在日本人口结构性问题日趋严重的背景下，企业技术人员短缺、非正式员工增加和企业内技术培训机制不充分等问题，严重破坏了日本工业品的质量基础，导致业界"丑闻"层出不穷。

第六章
后危机时代美日"再工业化"：
政策效果与对比分析

　　日本在 20 世纪泡沫经济破裂后，经济长期萧条，之后 2008 年金融危机再次对日本经济造成影响，此时发达国家纷纷提出"重返制造业"的口号，日本虽然也意识到了制造业的重要性，但并没有推出符合本国国情的制造业政策。2011 年日本大地震又一次重创日本制造业，2012 年安倍上台后进行"大刀阔斧"的经济改革，提出了"安倍经济学"的政策理念，力图通过"三支箭"进行结构改革以振兴日本经济，其中的第三支箭将重点投向制造业，由此开启了日本的"再工业化"之路。迄今为止，日本的"再工业化"政策不断深化和完善，对日本经济也产生了较为明显的正向影响。毫无疑问，新一轮工业革命是日本重振制造业、拉动经济增长、摆脱长期萧条的重要契机。"再工业化"政策的顺利、有效实施是日本经济能够摆脱长期萧条的决定性因素。

　　美国第三次"再工业化"由奥巴马政府开启，这也是美国历史上规模最大、政策体系最为完善的一次工业化改革。2016 年，对奥巴马一系列执政理念持否定态度的特朗普上台后，采取了更激进的政策措施对美国的

"再工业化"进程加以推进。作为本书的研究重点，本章将对安倍的《日本经济复兴计划和奥巴马—特朗普的制造业回归战略》的相关政策效果进行实证分析。

第一节 后危机时代发达国家"再工业化"的背景

一、发达国家纷纷回归实体经济

2008 年金融危机席卷全球，紧接着 2009 年欧洲主权债务危机爆发，严重影响了全球经济的发展。为了尽快复苏经济，降低本国失业率，各国深刻反思了金融危机发生的原因，意识到实体经济是国民经济的基础，制造业对经济体的稳定发展至关重要。因此，2009 年以来，欧美等发达国家相继提出回归实体经济的产业政策，开启了"再工业化"进程（王喜文，2015）。

2009 年，美国国会发布《重振美国制造业框架》；2011 年和 2012 年又相继发布《美国先进制造业合作伙伴计划》《美国先进制造业国家战略计划》，推进官产学研融合，共同推进制造业复兴的进程，重点发展本国高端制造业，同时鼓励海外企业回归本土，通过促进国内制造业出口以复苏经济；2012 年 3 月，美国国会发布国家制造业创新网络（NNMI）计划，旨在通过创新来提升高新技术水平以达到增强制造业竞争力的目的；2015 年 10 月推出《美国创新新战略》，进一步明确了创新的重要性，提出发展工业互联网和智能制造，通过物理与信息的融合来推进先进制造业的发展。

在美国提出"再工业化"之后，德国于 2013 年 4 月提出了"工业4.0"计划。"工业 4.0"代表着新一轮工业革命，在"工业 4.0"的范畴内，人、物、系统相互联通，通过制造业与物联网的融合，打造智能工厂，进一步实现智能制造。

2013 年 6 月，在"安倍经济学"第三支箭的基础之上，日本提出了《日本复兴战略》，在产业结构改革的过程中强调打造更具竞争力的先进制造业，发展高附加值的服务业，同时要保持制造业基础地位不动摇，打造有利于各主体能力的社会。2015 年 1 月，"机器人新战略"的提出进一步丰富了《日本复兴战略》的内容，该战略旨在通过日本优势产业——机器人行业来推进日本制造业的发展，从而提升日本的综合竞争力。

危机过后各国通过制定相关制造业战略来回归实体经济（见表 6 - 1），同时将重点放在先进制造业上，试图通过"再工业化"来恢复经济，提高本国竞争力。

表 6 - 1　　　　　　　　部分国家的"再工业化"战略

年份	国家	战略名称
2012	美国	工业互联网
2013	德国	工业 4.0
2013	英国	未来制造业预测
2013	法国	新工业法国
2014	印度	物联网策略
2015	日本	机器人新战略
2015	中国	制造强国战略

资料来源：张得红. 互联网+制造：发现工业 4.0 时代微蓝海［M］. 北京：人民邮电出版社，2015.

二、数字经济的发展为制造业注入新能量

互联网技术的快速普及给社会带来了深刻变革，各行各业都力图借助互联网的"东风"，将互联网与传统行业相融合，"互联网＋制造"便应运而生，从采购原材料和设备、信息的交接互换到产品发货验收均可通过网络化来提高效率，制造业势必成为新兴技术的终端行业。

随着互联网与大数据的发展，终端设备的功能越来越强大，可以以无线方式实现互联，由此衍生了物联网。将信息系统与物理系统相融合出现了信息物理系统（cyber-physical systems，CPS）系统，该技术极大地推动了制造业的发展，使制造业领域可以进一步整合资源，提高生产效率；新兴互联技术与传统制造业技术相融合，使机器与机器之间、工人与机器之间的合作方式更加智能。通过智能数据实现个性化生产，可以提高资源的

利用效率，助推制造业的发展，有助于各国通过制造业复苏经济。

数字经济的迅速发展让各国都意识到，制造业回归应借助科学技术的发展，新型制造业不再是简单的批量生产制造，而是具有高附加值的智能制造，物理和信息的融合使产品具有更好的信息价值。"互联网＋制造"可以更快地适应市场，通过企业内部协作来实现资源的优化配置，进一步提升产品附加值，抢占市场份额。随着科学技术的进一步深入发展，制造业的发展更具个性化，通过多方对各类数据的整合管理，建立大数据系统，使企业的生产制造进一步转向智能数据制造。

由此，在各国提出"再工业化"的同时，科学技术的迅猛发展为制造业的未来指明了新方向。大数据、物联网和云计算的发展使得各国可以将制造业与先进技术相结合，发展智能化的先进制造业，产品标准化和个性化程度更高，促进本国制造业进一步升级，拉动经济增长。在技术的助力之下，各国的"再工业化"战略也都具备了智能化的目标和要求，力图在新一轮工业革命中发挥最大的潜力来提升综合国力。

第二节 后危机时代美日"再工业化"动因比较

一、美国"再工业化"的动因

1. 虚拟经济过度繁荣导致制造业空心化

美国的资本家在金融危机前 30 年内逐渐将资本由制造业转移到金融业，在刺激市场的同时严重损害了本国的制造业发展，由此形成了借贷型的经济增长模式。美国经济增长中消费支出所占比重较大，达到 70% 左右，而支撑这种增长模式的资金来源不是依靠实业的发展，而是不停借贷。21 世纪初美国为了刺激市场推出了低利率的住房贷款，这直接导致了美国规模庞大的次级贷款，引发了 2007 年的次贷危机。虚拟经济过度繁荣导致制造业空心化，次贷危机进一步演变为席卷全球的金融危机，美国制造业增加值占 GDP 比重由 20 世纪 70 年代左右的 30% 下降到 2009 年的 12.7%。

2. 危机重创美国经济，亟须"再工业化"重振制造业

危机爆发后，美国经济发展缓慢，曾经一度繁荣的金融业在本次危机中遭受重创，制造业发展也受到了严重波及。2009 年美国 GDP 出现负增长（见图 6－1），经济险些陷入停滞状态，此时政府向市场注入了大量流通性资金，但这并没有在根本上解决问题，只是暂时让 GDP 增长率呈现正增长状态。

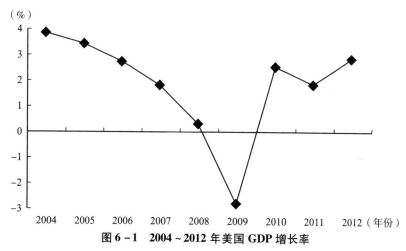

图 6－1　2004～2012 年美国 GDP 增长率

资料来源：美国经济分析局。

与此同时，危机导致众多企业相继倒闭，带来大批量的失业人口。2008 年以后，美国的失业率直线上升（见图 6－2）。

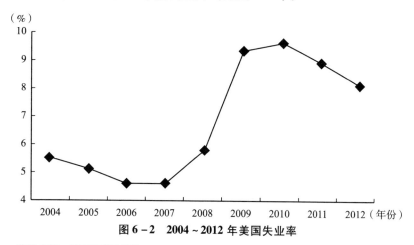

图 6－2　2004～2012 年美国失业率

资料来源：美国经济分析局。

可以看出，危机之前美国的失业率一直较为平稳，甚至呈不断下降的趋势，危机爆发之后，失业率激增至9.3%。根据美国经济分析局数据，危机前四年期间，美国制造业就业人数减少了237万人，占到总下降人数的近90%，大量劳动力流向服务业，可以说制造业就业人数锐减是导致危机后美国失业率迅速攀升的重要原因。正是这种不平衡的就业结构导致失业问题如此突出，让美国政府意识到制造业的重要性，"再工业化"战略由此产生，其目的是带动失业劳动力投入生产，使美国经济尽快走出经济危机阴霾，恢复以往的活力。

二、美日"再工业化"动因比较

对于日本"再工业化"政策的动因，在上一章中已有阐述，可概括为三点：一是日本由于制造业生产链大规模海外转移导致产业空心化；二是危机与自然灾害导致日本经济和制造业受创严重；三是日本制造业竞争力下降，"日本制造"面临质量问题。此外，金融危机过后大部分发达国家都意识到制造业的重要性，开始投身制造业的"再兴"计划，这种竞争氛围也促使各国不甘落后，纷纷加入"再工业化"大潮，成为各国启动"再工业化"的共同外因。通过前面分析可知，日本追随美国也推出了针对自身的"再工业化"政策，但两者的出发点存在些许区别，如表6-2所示。

表6-2　　　　　　　　　　美日"再工业化"动因比较

指标	美国	日本
共同点	(1) 科技发展迅猛，物联网、大数据和云计算等新技术为制造业发展注入新能量。 (2) 金融危机重创各大经济体，实体经济衰退明显。 (3) 新兴经济体的赶超对美日的制造业发展带来长期挑战	
不同点	(1) 经济过度金融化。 (2) 借贷型经济模式难以维持经济增长	(1) 东日本大地震重创日本制造业。 (2) 日本制造业频繁造假出现信任危机

美国和日本提出"再工业化"政策的共同起因是世界经济环境已发生变化。具体来说主要有以下几点。

第一，"工业3.0"以后信息化技术水平不断提高，新一代信息技术至今已经发展得较为完善且被广泛运用，除前面提到的物联网、大数据和云计算，还包括机器人、AI、纳米技术以及生物技术等，这些高新技术从不同领域和角度影响着社会与经济的发展。目前新技术已经逐步向制造业领域渗透，日本的"机器人新战略"无一不体现着制造业与新技术的融合，美日均试图通过运用新兴技术来推动工业制造朝着智能化和标准化的方向发展，以引领新一轮工业革命。当下，美日作为制造强国在通信、计算机、生物和信息领域均有所建树，推动着各国的"再工业化"进程。

第二，2008 年爆发的全球金融危机导致各国制造业都发生了不同程度的衰退，全球制造业增加值在 2009 年下降到 9.685 万亿美元，与 2008 年相比下降了 10%（见图 6 - 3），打破了 2008 年以前的上升趋势。究其原因，危机爆发导致流动性骤降，而制造业这类实体企业的资金普遍回收期较长，难以快速撤资或收支相抵，进而难以承受或化解冲击，实体经济的衰落使得以此为根基的虚拟经济愈发表现为"空中楼阁"。在经济全面衰退之际，包括美国、日本在内的各经济体意识到要重视实体经济的发展，纷纷提出"再工业化"战略以振兴经济。

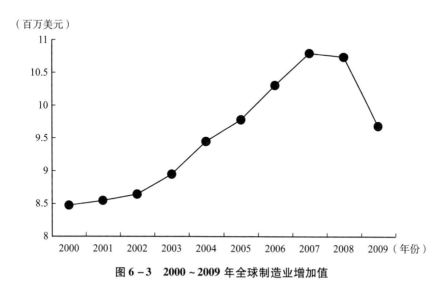

（百万美元）

图 6 - 3　2000～2009 年全球制造业增加值

资料来源：世界银行。

第三，发达国家在 20 世纪完成工业化之后，开始着力发展本国服务业，逐步将国内部分制造业生产基地转移至成本更加低廉的发展中国家，即使如德国这般重视制造业发展的国家，也将国内一些制造业企业进行了对外转移，由此导致了发达国家普遍的产业空心化问题。其中，发达国家的产业转移对发展中国家的经济发展和工业化进程带来了正向的促进作用，助推了其产业升级，而发展中国家经济的快速增长反过来对发达国家的制造业造成了竞争压力。例如，产业链下游的中国和印度充分利用发达国家对外投资的契机发展本国制造业，印度凭借计算机生产成为"世界办公室"，中国"世界工厂"的名号也为全球所认可，这些变化给发达国家的贸易和生产带来了威胁与挑战。以美国为首的发达国家为了应对新兴经济体蓬勃发展带来的长期挑战纷纷提出了"再工业化"战略，以求在新一轮工业革命中占领先机，继续引领行业发展。

虽然美国、日本都提出了"再工业化"战略，但其提出的相关产业政策都是基于国情制定的，有着自身独特的原因。

从美国来看，危机前美国对其金融业管制较为宽松，但疏于监管和调控，放任资本市场涌现出种类繁多的金融衍生品。然而，金融衍生品带来高收益的同时也带来了高风险，由此导致美国经济杠杆率过高、金融化程度过高，进而动摇了本国实体经济的基础地位。由于美国的经济增长主要靠消费驱动，在经济过度金融化的情况下，个人消费依靠借贷融资不断扩张，企业也不再仅靠扩大再生产的模式来谋求发展，而是将目光转向发行债券等金融手段。最终，过度金融化导致个人与企业债台高筑，引发了金融危机，迫使美国又将产业发展的重心转回制造业。

从日本来看，日本在 20 世纪"泡沫"破裂之后经济一度陷入停滞状态，随后的金融危机和东日本大地震无疑又使日本尚未复苏的经济"雪上加霜"。日本产业长期的海外转移导致本土产业空心化十分严重，东日本大地震又导致为数不多的本土制造业工厂遭到了破坏，而时任首相菅直人在震后并没有提出有效的应对措施，使得日本制造业未能及时恢复。基于上述问题，安倍晋三上台后针对日本制造业提出了强力的产业复兴政策，试图通过"再工业化"恢复日本经济增长。此外，造假"丑闻"频繁出现于日本的高端制造业，主要是由于过度压缩成本和缺乏技术工人，因此日本政府也意识到要从人口结构入手，重视制造业的劳动生产率成本控制问题，于是催生了日本的《机器人新战略》。

第三节 后危机时代美日"再工业化"政策内容比较

一、美国的"再工业化"政策内容

1. 奥巴马政府的"再工业化"政策

为了尽快从危机中复苏美国经济，奥巴马政府首先着眼于降低失业率。奥巴马上台后推出了一系列产业振兴计划，其中最具代表性的为2010年8月生效的《制造业振兴法案》，该法案旨在重塑美国制造业优势，其主要目标有五点：可持续的经济增长、大量的制造业岗位、增加竞争力的同时缩小贸易逆差、提高人力资源综合素质、保证国家安全。长期来看，奥巴马政府提出"再工业化"政策，即通过加大对制造业的投资以鼓励创新，发展先进制造业以振兴实体经济，其政策实施具有多重目的：对内，借此契机增设大量就业岗位来挽救美国的就业率；对外，恢复美国制造业的领军地位，抢占新一轮工业革命的全球制造业市场份额。奥巴马政府的"再工业化"举措主要体现在以下几个方面（见图6-4）。

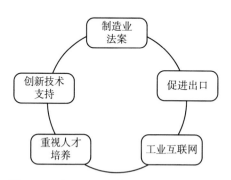

图6-4 奥巴马政府的"再工业化"政策

第一，进行顶层设计，制定产业政策打造适宜的发展环境。2009年美国国会出台《重振美国制造业框架》，强调要有效针对每一个成本因素，从提高工人技能、资助新技术和商业实践、发展稳定高效的资本市场、投资交通基础设施等方面入手，大力扶持制造业。2010年出台《制造业促进法案》，该法案的主要内容是减免关税及企业所得税，承诺永久降低对个人的税收，取消中间产品和原材料的进口税以降低企业成本，促使企业提供更多就业岗位，稳定就业。为了快速复兴美国制造业，2011年奥巴马政府临时设立了"白宫制造业政策办公室"，旨在协调各政府部门之间制造业产业政策的制定和执行，包括减免税收、增大投资和财政支持等，致力于集中力量推动制造业复苏和出口。2012年国会进一步推进税制改革，此前美国对本土企业收税较高而对海外设立的企业收税较低，导致很多制造商选择在国外设立公司。为促进制造业回流，政府将本土企业所得税率由35%下降到27%。

第二，加大对本国技术创新的支持，大力推动新型制造业的发展。2011年，美国科技委员会提出了发展先进制造业的构想，并认为要发展先进制造业必须要进行创新。为此，美国政府启动了官产学研互相合作的"先进制造业项目"，斥资5亿美元用以研发新兴技术，旨在通过创新提升美国的前沿科技水平，并将科学技术应用于制造业从而提高生产效率。同年，美国对2009年发布的《美国创新战略》进行更新，核心内容包括夯实创新基础、培育市场环境和突破关键领域三大方面，战略选定三大行业予以优先发展：清洁能源行业、先进汽车行业、科学技术行业。具体来看，一是世界的主题是节能减排，美国加大对页岩气的开采以推动清洁可再生能源的发展，力争在新领域掌握先机。二是美国为了鼓励电动汽车的发展，提供约25亿美元的专项投资支持美国汽车电池和驱动技术的发展，以在相关领域拔得头筹掌握核心竞争力。三是科技是第一生产力，美国启动10亿美元资金创建创新中心，并计划每年提升技术创新经费以提高美国的科技实力，鼓励开发机器人生产以缩短工时，提高制造效率。2012年美国国家科技委员会发布了《国家先进制造战略计划》，提出要优化政府投资，完善先进制造业创新政策，加快先进制造技术创新，加速新技术的市场应用。2015年美国再次推出新版《美国创新战略》，提出三项创新基础工程，即政府投资创新基础、带动私营部门创新活力和建立创新者国度，旨在通过构建包容性创新经济，加大对未来工业的投资，强化美国在先进制造领域的优势，强调优先发展科学技术、精准医学、清洁能源、空间技术和高性能计算机等行业。

第三，促进出口以减少贸易逆差。20 世纪 70 年代以前，美国一直处于贸易顺差状态，90 年代后由于产业转移，美国本土制造业较为低迷，而国外产品价格低廉，因此工业品进口额逐年攀升，贸易逆差迅速扩大。与 1980 年相比，2008 年贸易逆差的规模扩大了近 34 倍，其中货物贸易在 1971 年以后一直呈现逆差状态，且规模逐年增长，反观服务贸易则一直呈现顺差状态，导致进出口结构严重失衡。2010 年，美国政府为了改善贸易逆差状态出台了"出口增长计划"，旨在提升货物出口量，实现 5 年内翻一番。在顶层设计上，美国多部门合作成立了"出口促进内阁"积极开发出口市场，同时放宽对高技术产品的出口管制，以增强制造业竞争力。2014 年，美国政府进一步简化出口流程，并加强了对知识产权的保护，主要措施手段是"337 调查"和"两反"措施，通过限制新兴制造业国家的后发优势，为本国工业制成品的出口扫清障碍。

第四，重视人才培养，提升劳动力综合素质。随着后危机时代制造业逐渐复苏，美国制造业面临的人才难题日渐显现。由于产业大量外迁，美国境内生产车间的普通工人迅速减少，工程师、质检员等技术工人也呈现短缺态势。2015 年美国劳工统计局公布的失业人数为 127 万，而德勤摩立特报告显示此时美国仍然有 58 万个岗位可供选择，主要集中在高精尖的技术领域，如机器人和 IT 行业，这种市场有空缺职位但没有合格候选人的结构性失业现象，表明美国面临较严重的人才短缺难题。为此，美国先进制造业委员会发起了形象提升运动，即制定综合学生、教师和家长等多方的教育技能提升计划和前景谋划，全面升级教育体系。美国十分重视基础科学的教育，因此政策和资源更多地向数学及其他理工科倾斜；设立社区学院，美国境内有近 2000 所社区学院，承担着美国近一半的职业培训教育，同时政府还为社区学院的学生提供专项补助，鼓励学生继续接受高等教育；此外，美国劳工部还拨款助力高校开设制造业相关课程，推动高校培养高精尖人才。

第五，推行"工业互联网"（IIC）系统。"工业互联网"最早由美国通用公司提出，后来通用公司与其他四家 IT 企业共同组建了 IIC，使得这一概念被大众熟知。随后有更多的制造业企业加入，组成了"工业互联网联盟"，其最初成立的愿景是使各个制造业厂商的设备之间实现数据共享，其中涉及互联网协议、数据存储等相关技术。而 IIC 成立的真正意义在于，通过制定通用的工业互联网标准，激活传统的生产制造过程，促进物理世界与信息世界的融合，构建起覆盖全产业链、全价值链的制造业服务体系，为工业乃至全产业实现数字化、网络化、智能化发展提供途径，是第四次工业革命的重要基石。

2. 特朗普政府的"再工业化"政策

特朗普在上任之初即高调宣布其经济政策重点是"让美国再次强大""美国优先""重振美国经济""让每一个美国人受益"。其中，"让美国再次强大""重振美国经济"便是振兴美国的就业和经济增长，其设定的目标是要在 10 年内增加 2000 万个岗位，GDP 增长达到 4%。通过前面的分析可知，美国经济衰退的根源是实体制造业的衰退。特朗普虽然没有像奥巴马一样明确提出"再工业化"，但特朗普政府出台的政策（见图 6-5）都围绕着"重返制造业"的目标。与奥巴马政府相比，特朗普政府的政策侧重点虽有所不同，但两者的政策理念"殊途同归"。特朗普政府的"再工业化"政策主要有以下几点。

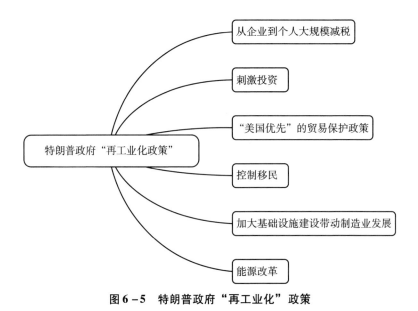

图 6-5　特朗普政府"再工业化"政策

第一，大规模实行减税政策。调整企业所得税最高税率，由之前的

35%直接下调到20%；改变个税的扣税原则，简化个税税率层级，降低个税最高税率到33%，同时调整层级为三级，即12%、25%、33%；推出鼓励海外企业将利润带回美国的税改措施。可以说美国这次税改是从企业和个人双管齐下，通过税收体制改革，使本土制造业企业的成本大大降低，为制造业回归本土提供便利。随着税改的进一步深入，美国能够吸引更多的人才和资金，为制造业注入新的活力。

第二，通过刺激投资恢复经济增长以及提高就业率。金融危机出现的原因之一在于美国长期依靠消费来拉动经济增长，而投资相对不足，这严重制约了经济的良性增长。长期以来制造业投资不足导致整体就业岗位的数量增长较慢，因此通过投资提高就业率是特朗普政府时期经济政策的重要目标之一。这一政策不仅能巩固和提升美国中产阶级的地位，还可以刺激市场投资促进实体经济的增长。

第三，推行"反全球化"的贸易保护。特朗普上任后便提出"美国优先"原则，直言全球化给美国带来了诸多弊端，由此加大了贸易保护力度。首先，对进出口货物的关税普遍增收20%，对于中国和墨西哥进口商品的关税分别提高至45%和35%。特朗普认为中国加入WTO间接导致了美国众多工厂关门和大批工人失业，因此对中国启动了"301调查"，并控诉中国对进出口企业的补贴行为。与此同时，特朗普宣布退出跨太平洋伙伴关系协定（TPP），以便让制造业重返美国。TPP是美国亚太战略的重要一环，作为一款推行自由贸易的多边协定，它会促进美国企业实行在境外生产再将产品销回国内的经营模式，因此势必加剧制造业企业的外迁，造成国内制造业萎缩，特朗普宣布退出TPP便释放了鼓励跨国企业重返美国的信号，以提升本土制造业竞争力。

第四，对移民进行管控。美国社会一直对移民增长较快多有不满，特朗普上任后采取了更加严格的措施对移民进行管控：在墨西哥边界设墙、暂停绿卡抽签、终止除配偶和子女以外的亲属移民等。通过管控移民，特朗普政府旨在保护本国人民的就业，为本国人民提供更多的就业机会，达到通过"雇美国人""振兴美国经济"的目的。

第五，加大基础设施投资。特朗普政府提出在未来十年内拟投资1.5万亿美元用于基础设施建设，覆盖交通运输、教育和医疗等领域。其中联邦政府出资15%，发行5000亿美元的"基础设施债券"，其余部分将通过减免税款的方式吸引地方政府和企业投资，并试图以此重振制造业，为机械和钢铁行业创造大量就业岗位。

第六，进行能源改革。特朗普上任之后不再重视可再生资源的研发，废除了奥巴马政府提出的"清洁电力计划"，解除了能源开采的多项禁令，如煤炭开采禁令；注重本土油气资源的开发，鼓励企业自主钻探石油以实现能源独立。宣布退出《巴黎协定》，认为该协定是在将美国的财富与其他国家再分配，因此是对美国的不公，限制了美国的能源开发和工业发展。

从以上政策可以看出，特朗普政府虽然没有明确提出"再工业化"，但其推出的一系列政策都是在谋求通过重返制造业以带动美国经济复苏：通过移民和税改刺激本国企业发展以及增加就业；通过贸易保护进一步促进出口，加速制造业回归美国；通过刺激投资拉动实体经济发展；对能源市场进行改革，颠覆前任政府的能源政策旨在恢复工业发展，为制造业发展蓄力，进一步推进"再工业化"进程。

二、日本的"再工业化"政策内容

安倍上台之后，为了复苏日本经济，安倍内阁政府提出了旨在实现结构性改革的新经济增长战略，分为以下三个阶段（见图6-6）。

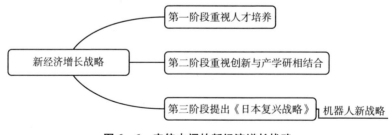

图6-6 安倍内阁的新经济增长战略

第一阶段重点在于人才培养。主要举措有：重视医疗产业的发展，加强医疗课题研究，注重高端医疗器械的研发；呼吁全民参与，加强对人才的培训，充分释放民间活力；重视年轻人毕业后的发展，吸引海归学生回国就业；提倡女性就业，提高各领域女性地位。

第二阶段安倍内阁将重点放在产业结构改革和创新上，从人才、创新、产业三个方面推动改革。产业方面，将产业发展的重心向工业和农业倾斜，重视国民基础产业的发展，加大对先进制造业的投资，尤其是医疗领域和能源领域，帮助企业在新一轮挑战中抓住机遇；创新方面，在产业政策倾斜的同时进一步推动创新，积极利用国外技术和资金推动本国产业发展；人才方面，通过教育改革使本国教育与国际接轨，提升教育质量，为产业结构改革不断输送高素质劳动力，助力先进制造业发展。可以看出，第二阶段的政策特点是产学研相结合以推动工业和农业的核心竞争力，进而促进投资恢复经济。

第三阶段便是日本的复兴战略。在前两个阶段完成的基础上，安倍政府计划推出全面的复兴战略，其目的不仅在于恢复日本传统制造业，更要打造具有竞争力的先进制造业，发展高附加值的服务业，同时保持制造业基础地位不动摇，进一步打造有利于各主体能力发挥的社会。

随着发达国家纷纷提出本国的智能生产战略，2015年初，日本立足于机器人大国的国情，在《日本复兴战略》的基础上提出了"机器人新战略"。该战略确立了三大核心目标：第一，打造"世界机器人创新基地"，加强机器人产业链间的联系，产业间相互促进提升竞争力；第二，将日本建设成为"世界第一的机器人应用国家"，从制造到医疗、从服务到基础设施、从农业到自然灾害等众多领域均推进机器人的应用；第三，以机器人产业为依托，"迈向世界领先的机器人新时代"。"机器人新战略"继承安倍经济学重视工业发展的理念，将各类机器人投入高技术制造领域，如人工智能、精密医疗等新兴产业，使日本可以在新一轮工业革命中占领先机。通过机器人促进标准化和模块化的生产，可以有效提升制造业生产效率，推动日本先进制造业的进一步发展。为此，日本政府制订了五年计划，旨在确保日本在机器人领域的世界领先地位。为了跟上乃至引领全球"再工业化"新浪潮，2016年初，日本政府首次提出"社会5.0"（超智慧社会）的概念。同年5月，日本政府在最新修订的《科技创新战略》中表示，日本将大力推进"社会5.0"平台建设及其基础技术的强化工作，努力建成"由科技创新引领社会变革而诞生的一种新型社会"。随着机器人应用领域更加深入和广泛，日本提出"社会 5.0"将包含"机器人无障碍社会"愿景，强调人与机器人的互动。由此可以推动更多劳动人口转向制造业生产，助力本国制造业升级。

三、美日"再工业化"政策内容比较

虽然美国、日本提出的"再工业化"政策都是通过发展高端制造业推动本国经济发展，但其政策目标、政策重点、涉及领域和顶层设计均有所区别，下面进行详细分析（见表 6 - 3）。

表 6 - 3　　　　　　　美国、日本"再工业化"政策比较

项目	美国	日本
政策目标	短期，提高就业，加大出口； 长期，调整产业结构，恢复制造业的基础地位；通过贸易保护保持本国高端产品优势；通过发展本国高端制造业来提升国家竞争力，恢复霸主地位	通过广泛应用机器人提高劳动生产率，提高本国制造业竞争力，借实体经济振兴摆脱经济长期萧条； 通过机器人革命缓解人口老龄化带来的危害； 建设高度智能化的社会，多领域应用机器人，进一步巩固本国机器人技术的地位
政策重点	依托本国在高新技术领域的优势发展智能制造； 实现厂商之间的数据共享； 利用大数据技术进行大数据挖掘，帮助厂商实现智能决策	改变民众对机器人的传统认识，扩大机器人的范围； 强调人与机器人的互动； 提高机器人在各领域的占比，打造智能社会
政策领域	信息技术； 能源改革； 生物； 航空航天； 医疗设备	劳动密集型产业制造； 能源； 物流、零售、餐饮； 护理医疗； 基础设施； 灾害防护； 农林水产； 食品生产

续表

项目	美国	日本
顶层设计	加大对高新技术的支持，加大研发投入；扶持中小企业，解决中小企业融资难问题；建设与制造业配套的基础设施；制定制造业复兴法规，从立法角度来推动制造业发展；降低个人所得税税率和企业所得税税率；重视人才培养，设立社区学院	深化科技创新，实现技术的产业化，让技术更加实用，加大对知识产权的保护；减少对企业的众多管制，激发企业活力从而提升产业竞争力；对劳动力市场进行改革，进一步延伸到教育部门，综合提高人才能力；加大招商引资的力度，提高本土企业招商引资的竞争力

　　从政策目标来看，无论是美国提出的"工业互联网"还是日本的"机器人新战略"，都是对新技术发展的积极响应，试图通过本国相应政策推动制造业与物联网相结合，发展本国的先进制造业，打造智能工厂和智能社会，提高整体智能化程度。但是两国的政策目标和而不同，主要有以下两点：第一，日本的"再工业化"政策在本轮工业革命中，是试图通过发展本国制造业重塑日本在全球产业链中的地位，以恢复产业竞争力；而美国的"再工业化"政策，无论是特朗普政府还是奥巴马政府，目标均具有高度的一致性，即试图通过一系列政策措施重振美国制造业，在本轮工业革命中充当"领头羊"的地位，通过"再工业化"重构全球产业链秩序。第二，美国的"再工业化"政策选择智能化为目标，主要是为了提高劳动生产率以及增加产品附加值；日本提出的"机器人新战略"目标更为深远，极具日本特色，日本的老龄化问题和少子化问题一直较为突出，因此日本推行机器人革命旨在改善劳动力不足的现状，进一步提高劳动生产率。

　　从政策重点来看，美国、日本的"再工业化"政策虽然都是以智能化为重点，但两者的侧重点有所不同。主要体现为以下两点：第一，美国和日本都是以本国的优势产业为重点进行发展，美国利用互联网领域的优势实现制造业和互联网相结合，打造"工业互联网"；日本利用机器人领域的优势实现全面的"人机对话"，提高机器人在制造业中的占比。第二，美国是以软实力来助推制造业发展，通过发展智能制造进一步稳固自己的领先地位；日本除了实现智能化目标外，更强调人与机器人的互动，旨在通过机器人替代人力实现低端制造完全自动化，让更多的劳动力投入到新兴产业，进一步提升产品附加值，改善制造业产业结构。

从政策领域来看，美国、日本都很重视能源和医疗领域的发展。能源发展直接影响本国制造业运转，而医疗领域主要是手术辅助智能设备的开发和制造。基于两国不同领域或同一领域不同生产环节的优劣程度不同，两国"再工业化"政策的侧重点也有所差别，主要体现在以下两点：第一，虽然两国都重视能源改革，但各有侧重。美国奥巴马执政期间的能源改革注重发展清洁能源，而特朗普政府期间的能源改革是发展传统能源，尤其是煤炭和石油资源的再开发；受地震中核泄漏事件的影响，日本的能源改革主要侧重于电力领域，以求改善日本制造业电力短缺的问题。第二，两国都选择自身的优势领域作为重点发展对象。美国由于高新技术发展较为完善，因此在本轮工业化改革中注重抬高科技和贸易壁垒以维护本国的技术竞争力，同时发挥本国航空航天领域的基础优势，进一步推进航空航天的智能制造，以维持领先地位；日本为了打造"社会5.0"，从多领域提高机器人的利用效率，通过强化本国机器人领域的竞争力推进制造业发展。

从顶层设计来看，美国、日本都制定了相关配套措施以确保"再工业化"政策的有效落实。对比分析发现，两国都十分重视创新技术和人才的培养，通过大幅度增加研发投入以推进基础科学的研究，加快技术进步，进一步实现技术专利的产业化；同时注重人才培养，深化教育体系和培训制度的改革，提升劳动力的综合素质。但在其他领域两者也有所区别，主要体现在以下两点：第一，对中小企业的扶持上，日本由于之前重点发展大企业而忽视了中小企业的发展，在本轮"再工业化"进程中政府减少了对中小企业的管制，进一步释放中小企业的市场活力；而美国对中小企业的扶持，更多地体现在解决中小企业融资难的问题上。第二，美国出台了明确的《制造业促进法案》，从法律制度的层面确保重振制造业目标的推进，而日本主要通过国家政策的方式出台本国的制造业振兴战略。

第四节　后危机时代美日"再工业化"政策效果比较

经过前面分析，美国、日本相继提出了"再工业化"战略，旨在通过

"再工业化"恢复本国经济增长，同时进一步发展本国的先进高端制造业。目前，两国"再工业化"战略的政策效果已经逐步显现，本章首先通过构建模型分析两国"再工业化"政策对制造业的促进作用，并对两国的驱动因素进行比较；其次通过具体数据对两国"再工业化"的现实效果进行对比分析，从中总结发展经验。

一、美日"再工业化"政策效果实证分析

1. 变量设计

德勤有限公司和美国竞争力委员会在2016年对全球制造业竞争力指数进行了测算与研究，研究表明制造业仍然对一国经济有重要影响，尤其在基建水平、就业及GDP增长等方面，而且将持续对全球经济造成影响。报告中指出大多数发达国家的制造业由技术密集型产业主导，并因此维持着本国制造业强大的竞争力，认为将传统制造业升级为高附加值的先进制造业，可以在未来极大地增强产业竞争力。报告对不同国家制造业竞争指数进行排名，结果显示2016年制造业最具竞争力的国家是中国，其次是美国、德国和日本，并预测未来美国将超越中国成为最具竞争力的国家。报告进一步总结了制造业竞争力的12个驱动因素，包括人才、成本、劳动生产率、供应商、法律法规、教育基础设施、物质基础设施、税收体系、能源政策、创新政策、本地市场吸引力、医疗体系。

根据该报告中所总结的驱动因素，结合日美两国"再工业化"的政策内容，本书选取其中六个要素进行定量研究，包括人才、成本、劳动生产率、创新政策、物质基础设施和法律法规。

2. 变量选择

（1）被解释变量的选择。"再工业化"战略的政策效果首先应体现在一国制造业的发展状况出现变化。以往多用制造业增加值来表示该国制造业发展水平和程度，由于危机导致全球制造业衰退，一国制造业增加值可能出现某年为负值的情形，因此使用一国当年的制造业增加值与该国当年GDP的比重作为被解释变量，衡量一国制造业的发展水平和程度。

（2）解释变量的选择。

① 一国的人才储备水平。人才是强国之本，是衡量一个国家综合国力的重要指标。人才是发明创造和运用先进技术的主体，当前各国间的产业竞争可以说是人才的竞争，掌握了高精尖人才，便掌握了核心的生产力。由前面分析可知，在"再工业化"进程中美日两国都非常重视人才的培养，因此本书将人才储备水平作为解释变量之一，选取该国当年每百万居民中研究人员占比作为样本，衡量该指标对制造业发展的影响。

② 一国的单位劳动力成本。制造业企业利润的高低与成本密切相关，美日两国通过"再工业化"推动智能制造有利于降低企业的生产成本，凭借智能化和自动化生产，谋求与发展中国家竞争时的成本优势。当前人力成本在制造业尤其是高端制造业生产中所占的比重越来越大，因此本书选取一国的单位劳动力成本指标来衡量一国的成本竞争力。

③ 一国制造业的劳动生产率。美国、日本推行"再工业化"的思维逻辑基本一致，即通过创造一切可能条件激发市场活力，实现技术突破，以提高劳动生产率和产品附加值。对于发展高端制造业的国家而言，劳动生产率代表了一个企业乃至一个国家的整体创新能力和综合生产能力。因此本书选取一国当年的劳动生产率作为衡量该国制造业生产能力的指标。

（3）控制变量的选择。

① 专利数量。目前，各国都积极鼓励创新，创新也是制造业发展的关键驱动因素。一个国家的创新能力决定其未来制造业的发展潜力。美国和日本竞相支持科学实验室的建设，提供长期科研经费，明确鼓励制造业的创新发展，因此本书选取一国的专利数量作为衡量该国创新能力的指标。

② 基础设施建设。发达国家的"再工业化"政策十分重视本国的基础设施建设，基建水平直接影响一国的生产经营活动。基础设施涉及众多领域，如一国的运输系统、网络系统及安全系统等，政府通过兴建大型工程或公共设施，不仅可以吸引制造业投资，创造大量就业岗位，建成后还能为制造业发展提供便利。由前面可知，目前美日两国的先进制造业均朝着智能化和网络化的方向发展，这对一国的信息化建设有较高的要求，如

宽带接入速率、网络覆盖率、宽带普及率等。因此本书选取一国当年每百万人安全互联网服务器的比重来衡量该国的基建水平。

③ 法律法规。除了人力、物力和资金等生产资料外，一国的法规体系和法律环境也会影响制造业企业的生产经营活动，公平有效的法律环境将促进企业间的良性竞争，从而提高企业生产效率和创新积极性。本书采用丹尼尔·考夫曼（Daniel Kaufmann）等构建的"全球治理指标"中的法治制度指数作为衡量一国法律法规体系完善程度的指标。

变量说明如表 6 – 4 所示。

表 6 – 4　　　　　　　　　　变量说明

名称	指标	代码	数据来源
被解释变量	制造业增加值/GDP	Y	世界银行
解释变量	每百万居民中研究人员比重（%）	RE	世界银行
	单位劳动力成本（指数）	W	CEIC 数据库
	劳动生产率（指数）	LS	CEIC 数据库
控制变量	专利数量	ZN	世界银行
	每百万人安全互联网服务器比重（%）	IT	CEIC 数据库
	法制制度指数（指数）	LAW	世界银行

3. 模型设定

综合各种文献，本书将采用下述模型对影响美日两国制造业竞争力的因素进行分析：

$$\ln Y_i = \beta_0 + \beta_1 \ln RE_i + \beta_2 \ln W_i + \beta_3 \ln LS_i + \beta_4 \ln ZN_i + \beta_5 \ln LT_i + \beta_6 \ln LAW_i$$

式中，Y_i 表示一国第 i 年的制造业产值占当年 GDP 的比重，RE_i 表示一国第 i 年的每百万居民中研究人员比重，W_i 表示一国第 i 年的单位劳动力成本（指数），LS_i 表示一国第 i 年的劳动生产率（指数），ZN_i 表示一国第 i 年的专利数量，LT_i 表示一国第 i 年每百万人安全互联网服务器比重，LAW_i 表示一国第 i 年的法制制度指数。

运用 Eviews 软件的广义最小二乘法（GLS），对美国和日本 2001 ～ 2017 年的样本数据进行回归分析。

4. 结果说明

经过软件回归处理,美国"再工业化"政策对制造业的影响结果如表6-5所示。

表6-5　　　　　美国"再工业化"政策效果的GLS回归结果

变量	1	2	3	4
RE	1.050 ** (0.029)	1.017 ** (0.035)	1.006 ** (0.045)	1.812 ** (0.016)
W	1.595 ** (0.018)	1.972 *** (0.008)	1.466 ** (0.020)	2.004 *** (0.009)
LS	1.668 *** (0.001)	2.248 *** (0.001)	1.723 ** (0.015)	2.186 *** (0.001)
ZN	—	0.550 * (0.078)	1.457 ** (0.019)	1.512 ** (0.021)
IT	—	—	0.987 * (0.052)	0.873 * (0.074)
LAW	—	—	—	0.953 * (0.064)
样本数(个)	105	105	105	105
R^2	0.924	0.945	0.951	0.958

注:括号里是Prob值,***、**、*分别代表在1%、5%、10%的显著水平。

由线性回归结果可以看出,各个变量的估计系数都是显著为正的,即各项指标都是正向影响制造业发展的。从四列回归结果可以看出,与其他因素相比,劳动生产率对美国制造业发展具有最强的驱动作用,因此提高劳动生产率可以更有效地促进美国制造业进步。而美国的"再工业化"政策无论是从顶层设计还是从智能化的推行方向来看,都可以进一步提升劳动生产率,所以长期来看,美国的"再工业化"政策将促进制造业的发展,有利于美国振兴实体经济。另外,除劳动生产率以外,人力、成本、创新实力和基建水平以及法律体系对制造业发展的正向促进效果也都较为显著,因此可以看出,美国的"再工业化"政策在人才培养、技术创新、基础设施和法治建设等方面为制造业创造了良好的发展环境。

同样的方法对日本的样本数据进行回归处理，日本"再工业化"政策对制造业的影响结果如表 6-6 所示。

表 6-6　　　　日本"再工业化"政策效果的 GLS 回归结果

变量	1	2	3	4
RE	0.780 *** (0.001)	0.736 ** (0.014)	0.643 ** (0.042)	0.986 ** (0.010)
W	1.378 ** (0.024)	1.132 *** (0.001)	1.345 ** (0.017)	1.373 ** (0.022)
LS	0.682 *** (0.001)	0.775 *** (0.007)	1.133 *** (0.001)	1.135 *** (0.001)
ZN	—	0.573 ** (0.035)	0.361 * (0.061)	0.364 * (0.073)
IT	—	—	0.334 * (0.075)	0.485 * (0.064)
LAW	—	—	—	0.877 ** (0.023)
样本数（个）	105	105	105	105
R^2	0.838	0.842	0.921	0.922

注：括号里是 Prob 值，*** 、** 、* 分别代表在 1%、5%、10% 的显著水平。

日本"再工业化"政策效果的线性回归结果与美国十分相似，各个变量的估计系数也都显著为正。但与美国不同的是，对日本制造业发展具有最强驱动作用的是单位劳动力成本，因此提高劳动力成本即居民工资水平是有利于日本制造业进步的。日本属于典型的老龄化、少子化国家，通过提高工资吸引劳动力，可以促进制造业发展。当前日本推行的机器人革命，可以吸引劳动力投入到创新研发或智能化生产的行列中，促使其创造出更高价值的产品，通过科技进步推动日本制造业发展。除成本竞争力以外，人力、劳动生产率、创新实力和基建水平以及法律体系指标也能对日本制造业的发展起到显著的正向作用，因此日本也可以通过持续贯彻实施"再工业化"政策，为制造业的发展"保驾护航"。

5. 结果比较

通过对比美日两国"再工业化"政策效果回归结果可以看出，人才储备、劳动力成本、劳动生产率、创新水平、基础设施和法律建设都对美日两国的制造业发展起到显著的促进作用，但影响美国和日本制造业发展的主要因素不同，劳动生产率因素对美国制造业发展的影响最为显著，而单位劳动成本对日本制造业发展的影响更大。

究其原因，美国重视智能化生产，鼓励技术创新和发明创造，均为提高劳动生产率的有效措施，借助网络化的迅速普及和智能化程度的加深，劳动生产率提高带来的促进作用可以更直接地反映在制造业生产中。反观日本，在政策实施中需要考虑人口结构的老龄化问题，注重人工与机器的互动，旨在通过提高机器人利用率的方式提高制造业生产效率，因此有意将劳动力更多地投入到研发创新和高技能领域。如此虽然提高了单位劳动成本，但可以创造出更高附加值的商品和技术，形成良性循环促进制造业发展。

可以说美日两国的"再工业化"政策都从自身实际情况出发，对本国制造业的发展产生了较为明显的促进作用，而结构性改革的最终效果往往需要更长的时间才能显现，因此有必要对美日两国"再工业化"政策实施的现实效果进行分析，以对上述实证结果加以验证，并预测未来发展趋势。

二、美日"再工业化"政策的现实效果比较

本书选取制造业增加值、失业率和制造业企业订单数三个指标，分别从行业层面、社会层面和企业层面三个角度描述"再工业化"政策实施后所产生的现实效果，并对日美两国政策效果进行比较。

1. 美国"再工业化"政策的现实效果

首先，自奥巴马政府提出"再工业化"之后，美国制造业增加值开始逐年上升，由2009年的17896亿美元上升至2016年的21605亿美元，增幅达20.7%。从绝对规模上看，美国制造业增加值的连续上涨说明行业有

回暖迹象,但其增加值占美国 GDP 和全球制造业产值的比重变化则正相反。从美国自身来看,"再工业化"政策实施两年后,即在 2010 年和 2011年制造业增加值占 GDP 比重出现短暂回升,而随后又转为下降,到 2016年甚至跌至危机以来的最低水平(见图 6 - 7),说明美国"再工业化"政策并没有使产业结构发生实质性改变,服务业仍是拉动美国经济的主导产业。从国际横向对比来看,2009 ~ 2011 年美国"再工业化"政策的效果并不明显,美国制造业产值占全球制造业产值的比重进一步下降至 15%,之后四年缓慢上升,到 2016 年达到 18%。这一方面说明危机导致全球制造业受创严重,整体行业恢复缓慢,"再工业化"政策效果具有较大的滞后性;另一方面体现了危机发生后各国纷纷推出经济刺激计划和产业政策,积极投身新一轮工业革命的浪潮,制造业竞争日趋激烈。

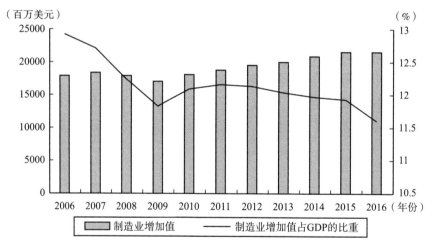

图 6 - 7 2006 ~ 2016 年美国制造业增加值及占 GDP 的比重

资料来源:世界银行。

其次,从就业方面来看,2009 年美国的失业率达到最高,逼近 10%,但随着美国"再工业化"进程的推进,失业率逐年降低(见图 6 - 8)。如前所述,金融危机暴露出美国长期以来产业结构失调的问题,制造业和服务业相继出现"失业潮",导致美国失业率大幅度上升,而"再工业化"致力于振兴制造业,拉动内需,为社会创造了众多就业岗位。在 2010 年后的三年内,美国制造业领域新增岗位 45 万个,并带动其他产业恢复发展,极大地改善了就业环境。

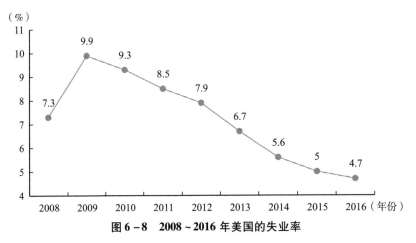

图 6 - 8　2008 ~ 2016 年美国的失业率

资料来源：世界银行。

最后，从制造业企业的订单数来看，金融危机前美国的制造业订单一直呈上升趋势，危机导致实体经济受到重创，制造业订单数出现断崖式下跌。在 2009 年美国采取"再工业化"政策后，制造业企业在 2010 年和 2011 年初的订单数快速上升，2012 年基本恢复至危机前水平，2014 ~ 2016 年出现短暂回落，随后又转为上升，截至 2018 年 9 月，制造业订单数已超过危机前的最高水平（见图 6 - 9），说明美国"再工业化"政策对制造业复苏起到了较为明显的促进作用。

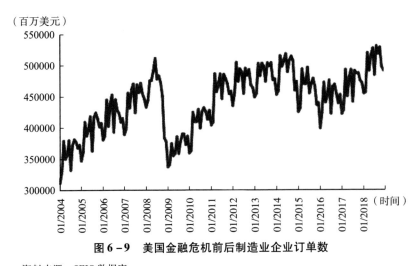

图 6 - 9　美国金融危机前后制造业企业订单数

资料来源：CEIC 数据库。

综上所述，受金融危机影响，美国制造业在2008年后大幅度衰落，失业率骤增，而在2009年后，随着制造业订单数不断上升，衰落趋势迅速得到了控制。从美国制造业增加值、企业订单数和失业率数据来看，危机过后的十年内，美国的制造业发展和社会就业已恢复至危机前水平，虽无法排除经济的自我恢复影响，但短时间内的快速回升可以说明奥巴马政府的"再工业化"政策效果已初步显现。但从制造业增加值占GDP的比重来看，美国的"再工业化"尚未在根本上解决产业结构的失衡问题；政策颁布后，美国制造业增加值占全球制造业产值的比重经历了先下降后小幅度上升的过程，在政策滞后性和产业竞争并存的现实条件下，美国的"再工业化"之路仍很漫长。

2. 日本"再工业化"政策的现实效果

由于日本的"再工业化"具有模仿、跟随美国的特点，起步略晚，且在短时间内又遭遇了较为严重的地震灾害，国内政坛更迭频繁，因此政策的落实遇到更多阻碍，其效果的显现也更为滞后。

首先，从制造业增加值来看，2010年日本制造业增加值出现小幅度上涨后基本保持不变，制造业增加值占GDP的比重出现短期波动后也不见起势，其原因之一在于，从2008年9月金融危机全面爆发到2012年12月安倍政府上台，短短4年间日本经历了5届首相更替，政坛动荡频繁导致"再工业化"政策难以得到有效落实。即使到安倍政府上台并提出"安倍经济学"的经济刺激计划后，制造业增加值也是不升反降，到2015年出台"机器人新战略"后，制造业增加值才有所回升，由2015年的9106亿美元上升至2016年10417.7亿美元，基本恢复至危机前水平。安倍执政期间，虽然制造业产值表现不尽如人意，但其占GDP的比重自2013年开始稳步提升，到2016年上升至21.04%（如图6-10）。整体来看，安倍执政后，日本制造业逐渐恢复发展，且呈增长趋势，"再工业化"政策取得初步成效。

其次，从就业来看，日本的失业率在2008年金融危机和2011年大地震之后经历了两次较大幅度的上涨，随着安倍内阁"再工业化"进程的推进，失业率逐年降低，由2012年的4.3%下降到2018年的2.3%的低水平（见图6-11）。"再工业化"政策为制造业创造了较多岗位，就业问题得到了有效解决。

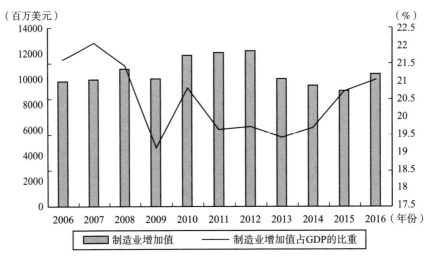

图 6-10　日本 2006~2016 年制造业增加值

资料来源：世界银行。

图 6-11　日本 2007~2018 年失业率

资料来源：CEIC 数据库。

最后，从制造业企业的订单数来看，由于日本在泡沫经济破裂后经济发展缓慢，且制造业企业接连不断曝出"丑闻"，导致金融危机前日本制造业订单数升降交替，波动较大，随后危机和大地震也使得日本制造业订单数出现两次大规模下滑。直到 2012 年安倍上台推行经济刺激计划，制造业订单数开始缓慢上升，尤其是在 2015 年提出"机器人新战略"后，订单的增速进一步加快（见图 6-12），截至 2017 年 5 月，订单数基本恢复到危机前水平。可以看出，安倍内阁时期的"再工业化"政策对于制造业的恢复和发展还是十分有效的。

图6-12　日本金融危机前后制造业订单量

资料来源：CEIC 数据库。

3. 美日"再工业化"政策现实效果比较

为便于比较美日两国"再工业化"政策的现实效果，将两国政策实施后制造业增加值、失业率和制造业企业订单数变化趋势进行总结，如表6-7所示。

表6-7　　　　　　　　美日"再工业化"政策的现实效果比较

	美国	日本
制造业 增加值	制造业增加值逐年增加，但制造业增加值占 GDP 的比重短暂上升后持续下降	制造业增加值变化不大，有增有减，但 2013 年后制造业增加值占 GDP 的比重持续上升
失业率	失业率持续下降到正常水平	失业率短暂波动后下降到较低水平
制造业企业订单数	制造业企业订单数在金融危机后快速上升，随后在波动中缓慢上升，到 2018 年 9 月基本恢复至危机前水平	制造业企业订单数在金融危机后快速上升，地震后波动较大，提出机器人革命之后订单数大幅度上升，到 2017 年 5 月已恢复至危机前水平

通过两国"再工业化"政策的现实效果对比可以看出，危机过后两国失业率均有所下降，制造业企业订单数在波动中上升，"再工业化"政策均起到了恢复本国经济和制造业发展的作用，但两者也存在一定区别。相比美国，日本的制造业增加值变化不大，且政策效果在显现的时间上略微滞后，但其成效更为显著：制造业增加值占 GDP 的比重稳步提升，失业率下降到较低水平，制造业企业订单数增长更快。这些现实效果说明日本政府尤其是安倍内阁推行的产业复兴计划和机器人战略等"再工业化"政策，有效地促进了日本制造业和整体经济的发展。

7

Chapter

第七章
后疫情时代日本"再工业化"：
"制造业回流"与中国的应对

　　近年来，日本在华企业频繁撤资的现象引发社会广泛关注。20 世纪 80 年代以来，日本通过对外直接投资进行大规模的产业转移，以"雁行模式"的产业结构传递形式，带动东亚国家形成新型国际分工体系，促进地区经济的发展。其间，中国东部沿海城市承接了大量日本对外投资项目，使日本一度成为中国最大的外资来源国。然而，随着日本"再工业化"战略的推进以及中国劳动力成本的上涨，日本对华投资的经济驱动力减弱，并开始持续从中国境内撤资。同时，日本作为美国的"忠实盟友"，受美国"制造业回流"以及中美之间的贸易摩擦加剧的影响，日本对华撤资的动机进一步增强。日企的大规模撤资无论对中国还是对日本而言，都具有重要的影响。因此，我们要理性思考，强化底线思维，在危机中育新机，于"变局"中开"新局"，从容应对，制定科学、有效的应对之策。

第一节 日本企业"制造业回流"的出现、动因及特点

一、日本在华企业出现撤资

2012 年，日本对华投资达到 73.8 亿美元，此后连年下降，2013～2016 年分别降至 70.6 亿美元、43.3 亿美元、32.1 亿美元和 31.1 亿美元。撤资包括主动撤资和被动撤资：主动撤资是指日资企业在华完成了事业开展目标或基于公司的发展需要而采取的撤资行为；被动撤资是指日资企业由于企业间竞争或者公司发展不乐观而被迫退出市场（杨龙和吴光芸，2007）。根据日本经济产业省近五年的《海外事业活动调查报告》，日企在华据点的撤退数量呈现显著增加的态势，从 2010 年的 147 家逐年上升到 2014 年的 238 家。日本贸易振兴机构（JETRO）发布的《日本企业开展海外事业调查报告（2016 年度）》显示，中国是日本海外据点转移数量最多的国家，占到其全世界总转移量的 36%。其中，15.3% 的据点转移到其他亚洲国家，8.5% 的据点回流到日本。从撤资日企的企业类型来看，劳动密集型制造业的撤资变动更为明显，撤资企业数量自 2012 年以来连续突破 100 家。资本密集型制造业和第三产业的撤资数量总体趋于平稳，但第三产业的撤资数量在 2014 年出现了大幅度增长，由 2013 年的 69 家增长到 111 家。2020 年 7 月日本经济产业省公布了第一批补贴申请获得批准的企业名单，以将其生产线从中国撤离，搬至日本或东南亚国家，该批次涉及的 87 家日本企业将得到总计 700 亿日元（约合 6.53 亿美元）的补助。

二、日本企业"制造业回流"的经济动因

1. 受到特朗普"制造业回流"政策的影响

日企的撤资受到了特朗普"再工业化"政策中"制造业回流"措施的影响，主要的撤资领域也是制造产业，如一些劳动密集型产业，而对科技

等领域的撤资却很少。疫情导致民众对于口罩、防护服、消毒酒精等轻工业品的需求迅速攀升，而日本国内的轻工业多数已转移至中国和东南亚等国家，国内出现严重的供不应求现象，使日本意识到加强产业链安全性的迫切性。因此以疫情为背景，日本追随美国鼓励海外制造厂商将产业链迁回本土，加强自身的产品自给能力。

2. 在华日企经营成本上升

中国经济的强势崛起不仅孕育了一批具有国际竞争力的本土企业，压缩了日资企业的市场空间，还拉高了雇佣中国员工的平均成本，减弱了在华日企的劳动力优势，个别发达城市的劳动力成本甚至与日本部分地区持平，因此日资企业出于持续经营和最小化生产成本的考虑，选择将部分劳动力密集型产业迁回本土。根据 2016 年日本贸易振兴机构海外调查部《2016 年度亚洲、大洋洲日资企业实况调查》，日资企业在东亚各主要国家城市的普通职工工资水平中，中国北京的平均工资已经上涨到越南河内的三倍之多，中国的低成本优势已基本被东盟低收入国家所取代。此外，日资企业除了关注基础的人力成本之外，越来越多地认识到社会稳定、环境标准、配套设施完整及人工素质等供应链和市场健康因素对降低企业生产成本、延长企业生命周期的重要作用。在市场空间不断压缩的情境下，相比原材料、人工等显性成本，供应链和市场健康带来的巨大隐性优势反而具有更大的吸引力。

3. 减少日本对中国供应链的过度依赖

根据日本经产省 2016 年发布的《海外事业活动基本调查》，在制造业行业中，产销强依赖的行业如化学、非铁金属、输送类机械等，其内销比可达到 80% 以上；产销一般依赖的行业为纤维类、土石和金属，其内销比介于 50%～80%；产销弱依赖的行业为一般机制造业、电气机械制造业，其中前者内销比为 44%，后者为 28%。根据日本经济产业省《海外当地法人季度调查》中近十年的产品销售分布可以看出，日资企业内销占比一直在增加，其在华日企内销占比从 2006 年的 52% 上升至 2016 年的 68%，提高了 16 个百分点，而销往日本和第三国家的比例则持续走低。这说明日企对华投资目的已经悄然发生变化，低成本驱动下的对华投资逐渐演变成消费驱动下的对华投资。中国在日企眼中已不再只是一个"世界工厂"，更是一个消费大国，日资企业的生产行为更多的是服务于东道国国民的消费。因此，部分日资企业计划将价值链终端的销售环节继续保留在中国，而将更多的生产制造程序转移至本土或东南亚国家，减少对中国供应链的双重依赖。

4. 构建更加灵活的供应链体系

新冠疫情对日本各行业产业链都带来了不同程度的冲击，其中受影响最严重的是需求剧增的紧急医疗用品（面罩、防护服、疫苗、通风机、帐篷、毯子等）和极其依赖全球供应链的跨境进口品（汽车、电子机械和零部件、材料）。以汽车产业为例：在全球产业链体系下，日本汽车制造产业将大部分劳动密集型的汽车零部件工厂设立在中国境内或直接从中国厂商采购，采用"中国生产，日本进口"的产业布局，在华日资制造商或中国本土制造商主要负责生产汽车价值链低端的零部件（汽车气囊、车盘等）。疫情导致工厂停产、海运物流中断、零部件和组件库存严重不足，导致日本汽车生产一度中断。虽然汽车零部件进口量不大，但因汽车生产多为成车制造，采用"一站式"工业生产体系，任何一个配装环节出现问题都会导致成车无法交付，进而导致汽车出口骤减。疫情暴露了日本部分产业尤其是汽车等核心产业对中国供应链过度依赖的问题，使日本意识到建立灵活、强韧供应链的迫切性。以此为契机，日本发展全球产业链的重心开始由追求"最佳化"向加强"安全化"转变。

三、日本企业"制造业回流"的特点

1. 与金融危机后撤资的异同点

本次日本在华企业撤资的原因与 2008 年金融危机后的撤资不同：2008 年撤资的经济因素居多，如中国劳动力成本和土地费用的提高，使产品生产成本压力激增，再加上中国企业的不断成长壮大，中国的外资优惠政策出现调整，以及日本企业治理结构转向以市场扩张为目标等。两次撤资的共同特点是劳动密集型制造业撤出占比大、合资企业比独资企业撤出多。区别在于，金融危机期间的撤资主要受国际经济环境冲击的影响，与日本国内经济环境息息相关，且危机容易致使企业在短时间内大量撤资，而此次撤资虽规模仍然可观，但趋势相对平缓。中日作为东亚前两大经济体，两国地缘相邻和产业强互补性带动了经济上的往来互动。然而，随着中国经济实力的增强，日本对中国经济影响力产生担忧，对华投资的经济驱动力减弱。同时，由于中美之间的贸易摩擦加剧，日本的撤资行为也有出于作为美国"忠实盟友"的考量。

2. 日企撤资率水平较为温和

从总量上说，在华日企撤资规模逐年增加，然而通过撤资率的比较来看，日资企业的撤资行为并不激进。2010 年以来，日本对华撤资比例一直比较平稳，仅在 2014 年出现明显上升。换句话说，从撤资率的角度来看，整体撤资现状并不像撤资数量所体现的那样严重。另外，日企在撤资的同时，并未停止在华新设机构的脚步，2014 年在华新设机构数量占亚洲的 20%。这也说明中国的营商环境并未降低日资企业的投资势头，撤资行为更多地源于企业自身生产经营转换的需要。当前中国仍是日本海外投资机构最多的国家，其境内庞大的日企总量稀释了撤资数量的影响，从而表现出较温和的撤资率水平。

3. 日企撤资表现出结构性特点

细分行业看，日企撤资率在劳动密集型制造业、资本密集型制造业和第三产业表现出较大差异：撤资主要发生在劳动密集型造业，平均撤资率为 3.73%，其中撤资率超过 5% 的食品加工业、纤维业以及煤炭三种行业均属于低技术的劳动密集型行业，而资本密集型制造业和第三产业的平均撤资率分别为 2.35% 和 3.09%。相比之下，日资企业在其他国家上述三个产业的平均撤资率分别为 2.04%、2.15% 和 2.89%。也就是说，日企在华撤资率总体上仅稍高于世界其他经济体，而且这种撤资主要体现在劳动密集型行业，主要原因是中国劳动力成本的上涨。其他两个行业差距不大，特别是在生产用机械制造、情报通信机械制造、输送机械制造、通信情报以及批发零售等行业，在华日企的撤资率还要小于其他国家，说明从事资本密集型机械制造的日本企业在华发展前景仍然向好。因此，日本在华企业出现撤资源于其企业直接投资发生了结构性变化。虽然日资企业在劳动密集型行业存在明显的撤资现象，但对资本密型产业和第三产业的投资并未停止，未来甚至会迈出更大的步伐。

第二节　"制造业回流"背后的全球产业链重构

新冠疫情导致货物运输和人员流动受阻，全球供应链出现多处"断裂"。从日本在华企业撤资潮，以及美国"再工业化"政策下的"制造业回流"政策可以看出，多数发达国家已经采取实际行动对当前全球供应链进行结构性调整。可以说，疫情进一步加速了全球供应链重构，各个国家均意识到强化供应链韧性、缩短供应链长度以及建立多元化供应链的重要性。在此背景下，全球供应链逐渐演化出新的发展方向，中国在全球供应链中的定位和参与全球供应链的方式也将随之变化。

一、全球供应链体系呈美国、德国、中国"三足鼎立"格局

21 世纪以来，基于全球价值链的产业和贸易分工已经发生了深刻变化，特别是中国加入 WTO 以来，其在全球价值链分工的地位显著提升，取代日本与美国和德国形成了"三足鼎立"的全球价值链（GVC）格局。图 7-1 为基于供给侧的全球产业网络—中间品贸易的简单 GVC 与复杂 GVC 图示，从简单 GVC 供给网络来看，2000 年，美国、德国、日本为简单 GVC 供给网络中心，同时美国也是德国、日本的核心供给者，许多国家在最终产品生产时依赖美国的中间产品。2017 年，简单 GVC 的供给网络发生了显著变化：首先，在简单 GVC 供给网络中，中国取代日本和部分美国位置，成为亚洲的简单 GVC 供给中心，并且基于增加值出口规模及与其他国家紧密联系的数量来看，中国已成为第二大供给中心；其次，美国、

德国、中国三大供给中心网络之间的联系也不再紧密，德国与美国之间通过荷兰间接相连。从复杂 GVC 供给网络 2000～2017 年的演变来看，区域供给中心之间并没有紧密的直接联系，呈现出区域性特征，形成了以美国为中心的"北美产业链"、德国为中心的"欧洲产业链"和中国为中心的"亚洲产业链"。从需求侧的演变来看，2000 年简单网络全球的需求中心只有美国与德国，日本虽可以被看作是亚洲的中心，但仍有大量亚洲国家与美国直接相连，表明美国是这些国家的最主要出口目的地；从复杂网络来看，德国的中心地位更显著，亚洲则呈现出一种"去中心"结构。2017年，最明显的变化是中国确立了亚洲中间品需求的中心国地位，美国在简单网络与复杂网络中的中心地位有显著差异。在复杂网络中，美国仅与加拿大和墨西哥相连。图 7-1 也可反映出地理距离依旧影响着全球生产分工，如复杂 GVC 供需网络都呈现出区域性特点，这是因为随着 WTO 谈判陷入僵局，区域自贸协定蓬勃发展。近年来全球产业链的主要布局者美国、欧洲、日本等发达经济体与其区域内国家签订了大量高水平的区域自贸协定，以规范生产活动和价值链贸易，进一步强化了供应链的区域属性。区域自贸协定中的关税、非关税壁垒及原产地规则等都一定程度上降低了贸易成本，更有利于复杂 GVC 生产活动的开展。

二、中国已深度融入全球供应链中心

根据国家统计局数据，2019 年中国经济占全球经济总量的 16%，对世界经济增长的贡献高达 39%，货物贸易进出口占全球总贸易额的 11.6%。中国是全球唯一拥有联合国产业分类中全部工业门类的国家，包括 41 个工业大类、207 个工业中类、666 个工业小类，在世界 500 多种主要工业产品当中，有 200 多种工业产品产量第一，贡献了全球制造业总产出近 30%，全球供应链对中国的依赖性越来越强。从全球制造业增加值来看，2011 年中国制造业增加值超越美国，位居第一位，且近年来双方差距不断拉大，中国成为当之无愧的"世界工厂"。图 7-2 为 2017 年中美两国制造业行业全球价值链的参与度情况，美国的制造业全球价值链参与度表现出明显的两极分化现象，消费品制造业处于供应链下游，后向参与度高于前向

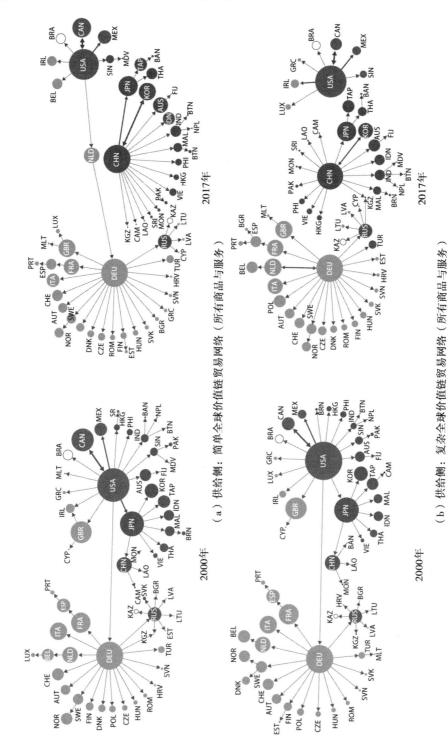

（a）供给侧：简单全球价值链贸易网络（所有商品与服务）

（b）供给侧：复杂全球价值链贸易网络（所有商品与服务）

2017年　　　2000年

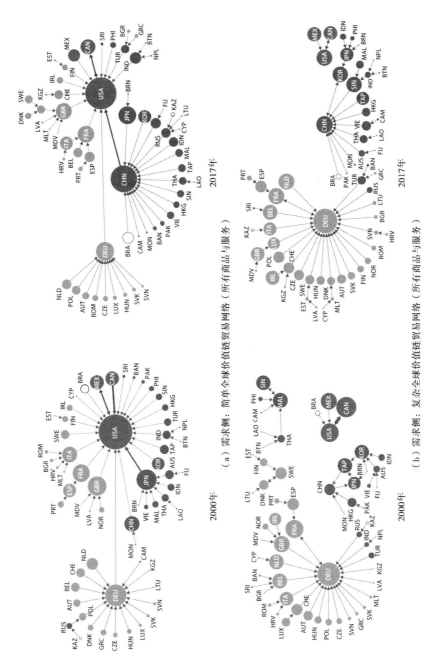

（a）需求侧：简单全球价值链贸易网络（所有商品与服务）

（b）需求侧：复杂全球价值链贸易网络（所有商品与服务）

图 7－1　2000～2017 年简单 GVC 与复杂 GVC 供给需求拓扑

资料来源：世界贸易组织，《全球价值链发展报告 2019》。

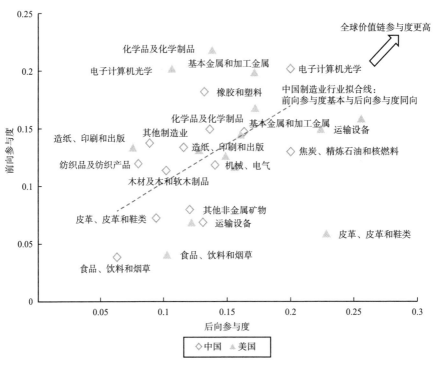

图 7-2 2017 年中国和美国制造业行业全球价值链参与度

资料来源：对外经贸大学全球价值链数据库（UIBE GVC Indicators）。

参与度，高技术制造业处于供应链上游，前向参与度高于后向参与度。而中国制造业全球价值链参与度总体处于中间环节，大部分行业的前向参与度和后向参与度相对均衡，体现出中国处于全球供应链体系"中心国"地位。与此同时，美国、德国对中国制造品的依赖度逐步上升，而中国对美国、德国制造品的依赖度基本保持平稳，对日本的依赖度下降，说明中国在全球产业链中的地位越来越高，将中国排挤在全球产业链之外并非易事（见图 7-3）。另外，第一财经研究院的 ULC 数据库显示，全球几乎所有的行业都在一定程度上依赖中国，特别是在轻工制造行业（如纺织、服装、木制等）、建筑材料行业、金属冶炼行业，中国制造业实际部门增加值占全球总增加值的 50% 以上。然而，一些高科技领域、资本品、服务行业等并不十分依赖中国，以制药行业为例，中国的贸易额仅占全球药品出口的 4%、全球进口的 3%。因此，虽然中国作为全球最大的货物贸易国深度融入全球供应链，但总体上还处于供应链的中低端位置。

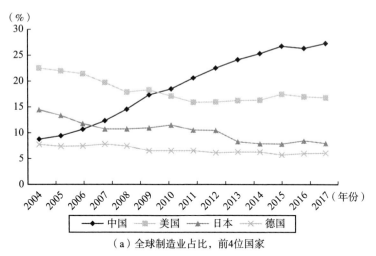

（a）全球制造业占比，前4位国家

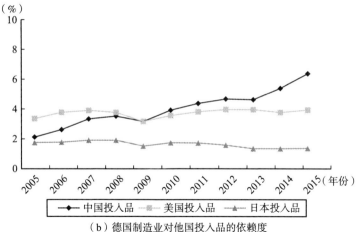

（b）德国制造业对他国投入品的依赖度

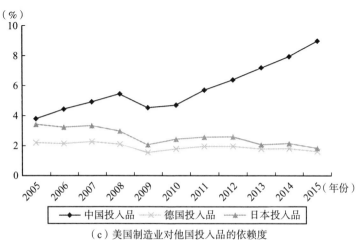

（c）美国制造业对他国投入品的依赖度

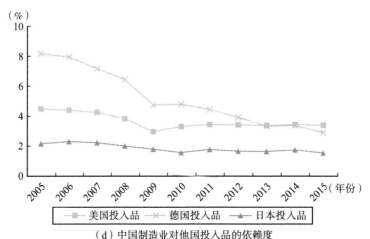

（d）中国制造业对他国投入品的依赖度

图 7 - 3   各国对他国投入品的依赖程度

资料来源：对外经贸大学全球价值链数据库（UIBE GVC Indicators）。

三、金融危机后全球供应链开放度减弱

2008 年金融危机以来全球供应链开放度逐步减弱，价值链开始萎缩，表现为以下几个方面。一是全球直接投资增长放缓：2001～2007 年全球外国直接投资年均增长率为 10.3%，1991～2000 年更是高达 28.2%，随后增长放缓，2008～2019 年全球外国直接投资年均增长率为 - 0.34%。金融危机后，全球直接投资出现大幅度萎缩，除了个别年份出现短暂的复苏以外，2012 年开始全球外商直接投资（forgie direct investment，FDI）流量持续下降。二是全球价值链参与度下降：如图 7 - 4 所示，金融危机之后，全球价值链的增速开始放缓。2000～2007 年，全球价值链特别是复杂 GVC 扩展速度要快于 GDP 的增长速度，全球价值链处于深化发展的阶段。金融危机后，全球价值链出现萎缩，尽管在 2010～2011 年全球价值链生产迅速恢复，但 2012 年之后增长便呈放缓态势，其中复杂 GVC 的增长速度低于 GDP 的增长速度。

金融危机后，全球供应链参与度降低的原因是多方面的。第一，过去 20 年高速发展的经济全球化问题逐渐暴露，如债务、产业结构、人口等问题；第二，随着生产力的发展，中国等新兴经济体开始使用国内中间品代替中间品贸易；第三，美国、欧洲、日本等发达经济体的"制造业回流"

及科技创新使得国内分工深化,一定程度上减少了全球价值链活动;第四,以跨国公司为主导的全球化收益不均导致全球化在很多国家受到质疑。

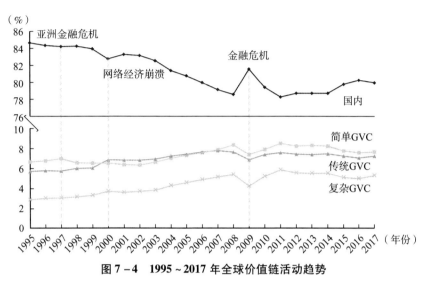

图 7 - 4 1995～2017 年全球价值链活动趋势

资料来源:世界贸易组织,《全球价值链发展报告 2019》。

四、全球供应链的安全问题受到高度关注

在全球供应链高度融合的背景下,其"牵一发而动全身"的脆弱性也使各国在战略层面对全球供应链的安全因素给予密切关注。从全球供应链的运行实践来看,自然灾害、地缘政治、贸易保护等都可能对全球供应链的安全造成冲击。例如,2010 年冰岛火山灰对欧洲地区的航空造成严重的影响,英国、挪威、瑞典等多个国家的大量航班被迫取消,而欧洲作为全球供应链体系的核心区域之一,人流、物流的阻断致使大量的国际中转货物陷入停滞,甚至有分析指出,冰岛火山灰给全球航运系统带来的损失超过了"9·11"恐怖袭击事件。2011 年东日本大地震也对全球电子供应链造成了较大的冲击。日本是全球电子供应链的核心环节,在地震海啸的冲击下电子行业的供给受到冲击,电子产品出口下滑,一度引发了全球"数码相机断货""笔记本电脑涨价"等恐慌情绪。2016 年特朗普上任后,"美国优先"的贸易保护主义不断升级,美国通过关税、贸易管制等方式对部分行业的全球供应链进行阻断和拆解。始于 2020 年的新冠疫情更是对

全球供应链安全造成了巨大威胁和破坏。

基于安全的角度，欧美日等经济体开始反思其在以中国为中心的全球供应链体系下对中国的过度依赖性问题，各国政府相继出台了支持本国企业回迁产业链的补贴政策。美国国家经济委员会主任库德洛 2020 年 4 月表示，美国政府愿意支持美国企业迁出中国，搬迁支出可以计入相关费用抵扣。日本政府从空前的经济刺激方案中拨出 22 亿美元，帮助制造商转移生产基地，其中越是高度依赖进口的、越是跟疫情密切相关的、越是规模较小的企业，获得政府补贴的比例就越高。德国也呼吁国际社会做出反应，建立弹性的供应链来保护基于规则的世界贸易。后疫情时代，各国必定会基于政治安全因素考虑，对医疗、防护等保障民生的产业链进行本地化调整。

 **第三节 "制造业回流"和全球产业链重构**
背景下中国的处境

面对百年未有之大变局和新冠疫情冲击，全球供应链的脆弱性逐渐显露，为了摆脱对中国供应链的依赖，美国、日本等一些国家加紧实施产业回流战略，全球供应链正面临新一轮的重构。后疫情时代，全球供应链将何去何从？日本想要与中国"脱钩"是否现实？基于全球供应链发展和中国参与全球供应链分工的现状以及疫情冲击下中国供应链的短中期表现，我们认为后疫情时代中国参与全球供应链分工的特征和演变趋势表现为以下几个方面。

一、全球供应链去"中国化"很难实现

新冠疫情冲击下，中国在全球供应链的地位表现出强有力的韧性，世界对中国的依存度越来越深，尽管这一高度依赖引起欧美的警惕和反弹，关于"去中国化"和"制造业外迁"的声音不绝于耳。但全球产业链重构并不是简单的搬迁，更取决于全球各地的基础设施、营商环境、产业配套、生产成本等条件因素。以下几个方面表明，疫情过后全球供应链的

"去中国化"很难实现:一是产业链重构需要大额资本投入。疫情发生以来,很多企业难以自保,仅少数企业能靠自身的实力投资重建工厂,尽管美国、欧洲、日本等承诺要给予撤资搬迁的企业补贴,但这对于产业链的重建来说只是"杯水车薪"。二是中国齐全的工业门类、高素质劳动力、广阔的国内市场规模优势是很难被替代的。中国依托"世界工厂"的地位,将自身高效的生产动员能力和全球供应链相结合,直接对接全球需求。例如,在海外疫情暴发后,全球面临着医疗用品和"宅经济"商品的巨大需求,当其他国家的产业链、供应链中断时,中国产业链相对完整,有效弥补了全球供应链中断的风险,为全球抗击疫情作出了贡献。中国具有稳定高效的政治经济环境,世界银行全球营商环境报告 2020 年的数据显示,中国已连续两年进入全球营商环境改善最大的经济体排名中,总体排名已跃居全球 31 名。当其他国家在疫情的漩涡中越陷越深,经济几近崩溃时,中国率先控制住疫情,经济增长在全球疫情中一枝独秀,在 2020 年第三季度,经济实现了正增长。这种稳定的政治经济环境对外商投资有着极强的吸引力,在 2020 年上半年全球外国直接投资规模同比下滑 49% 的情况下,中国吸引外资规模逆势增长,截至 2020 年 9 月,中国吸引外国直接投资规模同比增长 2.5%,充分显示了外界对中国发展前景的信心。

二、效率与安全考量背景下,企业撤离中国的风险依旧

全球供应链受到自然灾害、地缘政治的冲击早有先例。日本地震、泰国海啸发生后,欧美学界和企业家就曾对供应链的安全问题进行了激烈讨论,但考虑这种外部冲击的小概率性,以及供应链的恢复效率和竞争性,并未采取大规模的应对策略。因此对于新冠疫情冲击下全球供应链重组,我们认为基于以下几个因素,疫情时代企业撤离中国的风险依旧。

第一,新冠疫情的发生进一步加剧了中美贸易摩擦,美国进一步通过抬高关税和打压中国高科技企业的政策使全球产业链参与者重新评估现有生产网络的可靠性,引发生产网络的重塑。另外,美国"打压华为"、试图与中国科技"脱钩"的步伐从未停止。例如,在 2020 年 5 月,美国颁布半导体禁令,限制华为使用美国技术和软件以及在海外设计和制造半导

体，直接对华为在欧美市场的扩展造成严重冲击。从 2018 年美国对华挑起贸易摩擦起，引发了全球产业链参与者重塑现有生产网络的可能性。根据高德纳（Gartner）咨询公司 2020 年 2~3 月的调研，33% 的全球供应链主管表示目前正在或计划在未来两到三年内将部分货源地或生产活动搬离中国，其中最主要的原因是关税的增加。如图 7-5 所示，73% 的受访者认为关税增加是他们做出此决定的重要原因，作为中国的替代国，越南、印度、墨西哥最受欢迎。

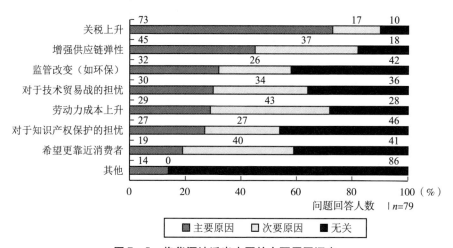

图 7-5　将货源地迁出中国的主要原因调查

资料来源：高德纳（Gartner）调查报告，《供应链的未来》（2020）。

第二，后疫情时代，各国基于安全战略考量会加快医疗产业本地化的进程。美国、欧盟成员国和日本等均已制定相关补贴措施，鼓励医疗产业链回流，特别是美国白宫已出台行政命令要求医疗产业链迁回美国，停止依赖中国和其他国家的处方药、医疗物资或任何产品和原料。中国在原料药出口市场占有重要地位，中低端医疗器械也有一定优势，但在医药研发、高端医疗器械上与美国、日本、德国等发达国家有较大差距，产业链回迁会对中国在医疗行业的进步产生显著的负面影响。

第三，后疫情时代，科技因素将成为推动供应链重组的又一重要因素。科技对制造业的发展有极大影响，科技的进步能够拉低劳动力成本，规模不再是产业链考量的主要因素，企业会越来越倾向于围绕市场进行生产。如图 7-5 所示，有 19% 的受访者表示"希望更靠近消费者"是他们将生产迁出中国的主要原因。

第四，增强供应链韧性是企业重新布局供应链的又一重要原因。近年来国际风云变幻莫测，不确定性大幅度增强，中美贸易摩擦、英国脱欧、新冠疫情等冲击使得全球供应链中断风险加剧，这迫使企业不得不将供应链韧性作为优化生产经营的主要考量之一。如图 7 - 5 所示，45% 的受访者认为关税增加是他们做出此决定的重要原因，这将打破过去效率优先的单目标模式，有极大可能会加速产业链从中国迁出。因此，虽然低端供应链受制于中国完整产业链的成本优势、组织优势和规模优势，使得全球供应链"去中国化"难以实现，但在考量效率与安全的背景下，企业撤离中国的风险依旧。

三、中国供应链面临的挑战不断升级

虽然中国是"世界工厂"，拥有全球最大、最长、最全的供应链，但中国在全球供应链中尚处于中低端地位，因此应逐步向附加值高的方向升级。然而，面对疫情冲击及全球百年未有之大变局，中国供应链正面临"高端封锁、低端锁定"的双重夹击，挑战不断升级。对于高新技术行业来说，关键核心技术的缺失使得供应链前端难以突破技术壁垒，特别是近年来美国频繁发布的实体清单暴露了中国企业在关键核心技术上被"卡脖子"的困境。根据美国商务部官网资料，自 2018 年以来，美国政府针对中国共发布 7 次实体清单，涉及 208 家中国企业和机构，涉及军工、科技、核电、网络安全、人工智能等领域，其中不仅有华为、中兴、海康等行业佼佼者，还包括政府研究所、科研机构、高校等，这足以说明美国对中国科技行业的打压已经全面开展，这将直接影响中国高端产业供应链向前继续延伸。这一背景下，中国高新技术企业必须正视自己的不足，自主研发国产软件，才能突破高新技术"卡脖子"问题。此外，劳动密集型行业面临的内外部环境也异常严峻。以纺织业为例，劳动力优势使中国成为世界第一大纺织品出口国，但从 2012 年开始，随着我国人口红利逐渐消失，人工成本逐年提高，使得供应链的中端优势减少，部分低附加值产业开始向东南亚转移。另外，2018 年以来中美贸易摩擦及 CPTPP、USMCA 等框架下的"纱后原则",将引发纺织业国际供应链体系改变,我国纺织业面临的国际市场竞争趋势日趋激烈。根据美国商务部、欧盟统计局、日本财务省公布的 2018 年服装进口数据,美国、欧盟和日本从中国进口服装的比重相比 2017 年分别减少了 0.66 个、1.29 个和 3.64 个百分点,相比 2010 年分别减少 6.16 个、13.31 个、23.38 个百分点,订单明显向越南、孟加拉国、柬埔寨、缅甸等国家转移,如表 7 - 1 所示。这意味着中国在全球产业链中低附加值部分的竞争对手将增多,应加快产品升级换代,用更高附加值的产品去抢占更大的市场份额。

四、中国与亚太区域供应链的联系进一步加强

疫情发生前,全球供应链的区域化格局已逐步形成,中国、美国、德国分别成为亚洲、美洲、欧洲的供应链中心。在全球三大供应网络中,亚太供应链作为全球供应链的重要组成部分,是目前生产链条最多、参与国家最多、贸易额最大和分工结构最为复杂的区域价值链体系。2019 年亚洲制造业 GDP 超过 7.1 万亿美元,占全球制造业总产出的 50% 以上。其中,中国为 4.1 万亿美元,占亚洲的 58.3%;日本为 1 万亿美元,占比为14.7%;韩国为 5000 亿美元,占比为 6.3%。后疫情时代,为了确保供应链的安全性,全球供应链的区域化进程会进一步加快,亚洲、北美、欧洲三大区域供应链的地位将进一步凸显,其中亚洲贸易对全球贸易的影响也会进一步上升。世界贸易组织(WTO)2020 年 10 月 6 日发布了《全球贸易数据与展望》报告,预计 2020 年全球贸易下降 9.2%,其中亚洲地区出口、进口分别下降 4.6% 和 4.2%,不到全球降幅的一半。这意味着,2020 年亚洲出口和进口在全球贸易中占比将分别提升 5.1 个和 5.5 个百分点。同时,在国际贸易受疫情影响普遍低迷之际,中国与亚太的贸易合作十分抢眼,区域合作进一步加强。当疫情在东亚暴发后,中国是东盟开展抗疫合作的第一个对象国,双方的合作很快与中日韩合作、东盟—中日韩(10 + 3)合作形成"共振",推动整个东亚地区实现守望相助、务实合作的良好态势,与混乱无序的全球抗疫局面形成了鲜明对比。根据中国海关总署数据,2020 年前三季度,中国对东盟进出口贸易逆势增长 5.0%,

表7-1 2018年美国、欧盟、日本主要服装进口来源国（地区）市场份额变化情况

	美国				欧洲				日本		
国家或地区	2018年比重（%）	2017年比重（%）	比重变化（%）	国家及地区	2018年比重（%）	2017年比重（%）	比重变化（%）	国家及地区	2018年比重（%）	2017年比重（%）	比重变化（%）
中国	33.02	33.69	-0.66	中国	32.35	33.64	-1.29	中国	58.79	62.43	-3.64
越南	14.74	14.41	0.34	孟加拉国	18.26	17.6	0.66	越南	13.86	12.22	1.63
孟加拉国	6.52	6.32	0.2	土耳其	11.05	11.11	-0.05	孟加拉国	3.8	3.15	0.65
印度尼西亚	5.4	5.69	-0.29	印度	5.96	6.29	-0.34	印度尼西亚	3.67	3.5	0.17
印度	4.59	4.59	0	柬埔寨	4.42	4.26	0.16	柬埔寨	3.58	3.05	0.53
墨西哥	4.06	4.45	-0.39	越南	3.93	3.81	0.12	意大利	3.18	3.08	0.11
洪都拉斯	3.1	3.07	0.03	巴基斯坦	3.36	3.42	-0.06	缅甸	3.06	2.58	0.48
柬埔寨	2.91	2.68	0.23	摩洛哥	3.07	3.04	0.03	泰国	1.98	2.09	-0.11
萨尔瓦多	2.3	2.38	-0.08	突尼斯	2.32	2.29	0.03	马来西亚	1.43	1.39	0.04
斯里兰卡	2.09	2.44	-0.34	缅甸	1.92	1.29	0.63	印度	0.91	0.9	0.01

资料来源：美国商务部、欧盟统计局、日本财务省。

东盟首次成为中国第一大贸易伙伴，实现了双方互为第一大贸易伙伴的历史性突破，反映了双方经济强大的互补性以及经贸合作的巨大潜力。所以，不难预见，未来中国与亚太区域供应链的联系会更加紧密，特别是在区域全面经济伙伴关系（RCEP）签署之后。

第八章
日本"去工业化""再工业化"：
经验教训及对中国的启示

日本和中国同属亚洲大国，地理位置和文化环境相近，两者经济联系十分紧密，中国在改革开放后，承接了大量日本的外包业务和产业转移，有力地促进了经济增长。但与此同时，中国要高度关注美国、日本的"去工业化""再工业化"的失误政策，避免大量资金循环在虚拟经济之中，使实体经济的发展严重"失血"。总之，日本的经验教训值得正处于工业化进程之中的中国进行深入研究。

第一节 发展经济的着力点必须放在实体经济上

一、实体经济是国民经济发展的命脉、根基

历史和现实的经验教训多次证明，实体经济是国民经济发展的命脉、

根基，是国家综合实力和竞争力的重要依托。一个国家的财富不能用货币的多少来衡量，而要看这个国家人民实际财富的生产能力有多大。在"去工业化"和"再工业化"进程中，日本最大的教训就在于实体经济与服务经济特别是虚拟经济的关系严重错位。实体经济作为国民经济发展的命脉，根基地位不稳，从而使虚拟经济的发展"脱缰"，最终泡沫经济崩溃使日本经济发展陷入长期困境之中。

二、必须把发展经济的着力点放在实体经济之上

中国在快速推进工业化的过程中，受到国外"去工业化"和"再工业化"的影响，一些基本完成工业化的发达地区也在自觉或不自觉地盲目发展服务业和金融业，对服务业、金融业的发展给予了高度关注，倾注大量的资源，严重影响了实体经济的基础建设。日本的经验教训表明，必须对制造业与服务业的关系、金融业与实体经济的关系进行深刻反思，重新确立实体经济在国民经济发展中的地位。

三、要深刻汲取"去工业化""再工业化"政策失误的经验教训

要避免尚处于工业化进程之中的中国重蹈日本的覆辙，须谨记以下教训：服务业的发展不能脱离一国经济发展而人为地超前发展，使一国经济"服务化"；金融业本质的功能是服务于一国实体经济的发展，而不能脱离为实体经济服务的轨道独立运动，使一国经济"金融化"，甚至"投机化"；虚拟经济的发展不能超越实体经济发展的需要而盲目、独立、过度地发展，使一国经济"虚拟化"；制造业永远是每个国家经济增长的根本的动力源泉，要始终强化制造业在一国实体经济发展中的核心地位。

 强化制造业在实体经济发展中的
核心地位和主导作用

一、制造业是每个国家经济增长的根本的动力源泉

历史和现实的经验教训一再证明，制造业是每个国家经济增长的根本动力源泉，也是开发技术创新和创造就业机会的重要载体。制造业水平是衡量一个国家综合实力和国际竞争力强弱的重要标志，其兴衰关系一个国家和民族的兴衰。正如弗里德里希·李斯特指出的：财富的生产力较之财富本身，不晓得要重要多少倍；它不但可以使已有的和已增加的财富获得保障，而且可以使已经消失的财富获得补偿；工业是现代社会的财富生产能力，工业和农业是一国的两个臂膀，商业仅是农业和工业之间交换的中介。如果一个国家和民族缺乏制造业或制造业处于幼稚产业状态、缺乏国际竞争力，那么这个国家和民族就很容易被制造业强势的国家所控制，因此任何一个国家和民族都需要强大的制造业来保证自己国家的经济独立、促进经济的长期繁荣[①]。德国之所以能在 2008 年全球性金融危机中保持比较稳健的经济发展，正是因为德国人深刻地把握了李斯特思想的精髓，始终重视以制造业为主的实体经济发展，从而能够在其他发达国家虚拟经济崩溃导致的金融危机、主权债务危机中得以自保。

二、始终坚持"以实为主，虚实协调"的宏观经济政策导向

若将实体经济比作树干，则虚拟经济就是树冠，当营养成分过多地被树冠吸收，导致树干营养不良而过细，久而久之将难以承受树冠的重

---

① 弗里德里希·李斯特. 政治经济学的国民体系［M］. 北京：商务印书馆，1960：118，141.

量，面临危机带来的强风冲击时，大树极易折断。因此，必须时刻重视实体经济的发展。党的十九大报告指出："不论经济发展到什么时候，必须把发展经济的着力点放在实体经济之上，现代化经济体系的大厦必须是建筑在实体经济基础上的，否则就会贻害无穷。"这就要求我们必须始终坚持"以实为主，虚实协调"的宏观经济政策导向，在确保虚拟经济能更好地为实体经济服务的同时，避免规模过于膨胀使经济结构出现失调，产生潜在的经济风险。同时，要增强虚拟经济的"反哺"功能，防止经济"脱实向虚"。

三、正确认识制造业和服务业的关系

金融危机的爆发以及西方"再工业化"的兴起，再一次警示我们应正确认识制造业和服务业的关系。制造业是一国经济发展的基础，是带动服务业增长的必要动力，服务业不可能完全替代制造业；制造业发展水平是衡量国家综合实力的重要标志。例如，德国是一个"制造业大国"，正是由于其注重以制造业为主的实体经济发展，才能成功抵御 2008 年的金融危机，并成功应对持续恶化的欧债危机。相比于发达国家，中国制造业发展还有较大提升空间。尚处于工业化中期的中国不能忽视和放慢制造业的发展，必须从战略高度充分认识到发展制造业的必要性和首要性，通过技术创新和管理创新，以及新兴技术的融入渗透，推进传统制造业的转型升级，以增强中国制造业的国际竞争力。

四、处理好实体经济与虚拟经济的关系

实体经济和虚拟经济都是一国经济的重要组成部分，两者是一种相互依存、相互促进的关系，但虚拟经济的发展必须要为实体经济的发展服务，而不是相反。在"去工业化"和"再工业化"进程中，日本的深刻教训就在于虚拟经济偏离了为实体经济的发展服务的轨道而迅速、过度地膨胀，进而形成经济"泡沫"。

第三节　在积极实施"走出去"战略的同时
要防止产业空心化过快发展

无论是美国还是日本，在实施"去工业化"和"再工业化"政策的过程中，产业空心化都是一个棘手问题：一方面，实施"走出去"战略，通过对外直接投资，实现产业、产能国际合作是产业发展的内在要求；另一方面，通过对外直接投资，产业、产能国际合作又不可避免地使企业进行跨国生产和产业转移，导致本土产业体系瓦解、就业岗位减少，出现产业空心化现象。中国在积极实施"走出去"战略的同时，应采取相应措施，加强该战略对本国产业、本国经济发展的"反哺"功能，还要加快国内新兴产业的发展和传统产业的转型升级，防止产业空心化过早、过快地发展。

一、避免主导产业缺位而引起的产业空心化问题

在进行大规模产业转移的过程中，要想顺利引导本国主导产业由劳动密集型、资本密集型向技术密集型和知识密集型过渡，先应明确和加速发展主导产业，加大对优质企业的扶植力度，实现产业结构升级，避免因在产业结构升级过程中主导产业缺位而引起的产业空心化问题。在扶持主导产业发展的同时，也要注重对其所在产业链的培养和支持，使主导产业上下游企业获得政策优惠以促进主导产业更好地发展，增强地区主导产业的生命力。

二、加快本国高新技术产业的发展

企业对外直接投资和产业转移的过程，也是自身不断进行产业结构调整与升级的过程。政府应该加大对科研开发的支持力度，扶持中小型高科技企业，大力支持高新技术产业的发展，培养高生产率和高附加值的新兴制造业，以填补传统劳动密集型产业转移所形成的空白。同时，对于本国

存留的传统产业，要鼓励其开发核心技术，创立自主品牌，培养自主创新能力，促进本国留存企业的进一步发展（苏华、钱宁君，2012）。

第四节 促进自主创新是建设制造业强国的核心支撑

一、重视科技的自主创新和持续创新

西方国家"再工业化"的本质之一是加快科技的自主创新和持续创新。随着制造业技术化趋势不断加强，知识生产在制造业中的比重日益加强。加大研发投入，促进知识型生产力向制造业渗入，成为各国制造业的优先选择。我国制造业之所以长期处于国际产业链的低端，其根本原因在于制造业的研发投入不足、自主创新能力较弱。借鉴西方"再工业化"的经验，我国应注重发挥政府在科技创新上的引导性作用，加大科技创新研发投入，尤其针对基础科学、产业共性技术和战略技术等领域；有效运用财政性科技投入的"乘数效应"，拉动民间科技研发的投入力度，提升我国制造业的自主创新能力。

二、提高全要素生产率，加大研发创新投入

经济长期增长的根本动力是全要素生产率的提高，技术进步是提高全要素生产率最重要的原动力，而推动技术进步必须依靠大规模的研发创新投入。中国 2016 年研发投入占 GDP 之比为 2.10%，虽然保持逐年上升的态势，但与美国、日本等发达国家相比仍存在较大差距。企业是开展研发和创新的重要主体，房地产价格持续上升对企业研发投资的"挤出"效应无疑是影响中国研发投入提升速度的重要因素之一。为鼓励企业加大对研发和创新的投入，政府可对企业的研发创新活动给予税收优惠，对重大研发项目给予财政支持，对重大科技创新成果给予相应奖励，同时加大知识产权保护力度，进一步完善相应法律法规，为企业通过研发创新获得充分利益给予制度保障。

第五节 坚持"以实为主,虚实协调"的产业结构政策导向

在当前和今后的经济发展过程中,必须长期坚持"以实为主,虚实协调"的宏观产业结构政策导向,要在确保实体经济在国民经济中占基础和中心地位的同时,继续支持和规范虚拟经济的发展,形成实体经济和虚拟经济发展有机结合、良性互动的产业结构优化格局。

一、推动实体经济发展的"内生动力"和"外生动力"有机结合

要使实体经济获得持续健康发展的能力,从根本上消除产业空心化的风险,就必须有机结合实体经济内、外两种动力,实现实体经济发展的"双轮驱动"。一方面,通过加强实体经济内部的自主创新和结构优化,使实体经济具备持续高质量增长的"内生动力"和强大的抗风险能力。要坚定地以自主创新为动力继续全面推动新型工业化进程,提高实体经济各产业部门的技术水平和创新能力,在尽可能多的领域形成一定国际竞争力。要特别注重考虑不同产业部门之间的关联性和互补性,调整、优化实体经济内部的产业结构,避免资源向个别产业部门过度倾斜。最终,在实体经济内部形成多产业国际竞争优势明显、各产业发展格局平衡的局面。另一方面,强化虚拟经济部门为实体经济服务的本质功能,形成虚拟经济支持实体经济发展的"外生动力"。从根本上说,包括金融业在内的虚拟经济部门都是在制造业等实体经济部门的基础上衍生和发展起来的,其改革和发展也就必须以"反哺"的思路为实体经济服务,支持实体经济获得更大发展。

二、坚持"以实为主,虚实协调"的产业结构政策导向

要引导地方政府根据当地资源禀赋和工业化发展阶段,设计并实施产

业结构调整规划。对于部分已经率先实现工业化的沿海发达地区来说，要时刻警惕并及时纠正在"大力发展第三产业""建设区域金融中心"等口号下，脱离当地实际盲目追求虚拟经济指标增长的产业结构扭曲现象。对于经济欠发达地区来说，则应在积极承接外部产业转移的同时，继续以信息化、网络化等现代技术推动本地的工业化进程，夯实实体经济的发展基础。尤其是在工业化基础尚不稳固的阶段，切忌对服务业和虚拟经济占比的片面追求，要根据当地的发展条件和发展阶段量力而行，避免因盲目追求超越当地实际的"跨越式发展"而导致产业结构断层和产业空心化。

第六节　对全球"再工业化"浪潮所带来的贸易摩擦风险有充分认识

一、中国必须高度警惕美国的"再工业化"浪潮

如前面所述，日本经济"泡沫"的形成和最终破灭，虽然成因复杂，但美国通过各种手段对日本施压，迫使日本快速推进贸易自由化、金融自由化，强迫日元升值以实施"再工业化"战略，是重要原因之一。因此，面对"再工业化"浪潮所引发的对各种资源的全球性激烈争夺，中国必须高度警惕并采取有效措施予以积极应对。

二、要高度重视中美贸易摩擦对我国制造业发展的影响

自 2018 年 4 月特朗普启动"301 调查"，额外对 1000 亿美元中国进口商品加征关税，到拜登政府上台至今，中美经贸摩擦已持续多年。美国之所以蓄意挑起中美经贸摩擦，一方面是为了重振美国制造业和实体经济，另一方面也是为了全面打压中国。

第七节 准确把脉全球产业链重构的发展方向

在全球供应链重构过程中，理性分析全球供应链的重构趋势，准确把脉日本在华撤资的未来走向，为中国采取有效应对措施提供可靠依据极为重要。面对日本以产业链重构为导向的对华撤资行为，只有看清全球供应链的重构情况，用好用足政策"储备箱"，才可以维持中国产业的景气度，推进本国产业的转型升级，尽快部署和调整供应链，进而维持在全球产业链条中的优势地位。中国的产业链面对"低端锁定"及"高端封锁"两大难题，为突破技术封锁，应尽快补齐产业链短板，优化产业长板，将中国的产业链打造成世界上最具竞争力的产业链。中国产业链重构升级不仅能够促进中国经济发展，还能有力应对不可控因素带来的影响。

一、"补短板"，健全产业链

要加快补齐我国高端医疗装备短板，加快关键核心技术攻关，突破技术装备瓶颈，实现高端医疗装备自主可控。我国与世界先进水平有较大差距的短板产业包括集成电路及专用设备、操作系统与工业软件、智能制造核心信息设备、航空发动机、高档数控机床与基础制造装备、机器人、高技术船舶与海洋工程装备、节能汽车、高性能医疗器械、新材料、生物医药、食品等，可见绝大部分短板产业与高新技术密切相关，因此要通过科技与制度创新加快实现技术和工业突破，尽快补齐"卡脖子"短板，健全产业链。

二、"锻长板"，促进产业升级

"锻长板"，即立足具有比较优势和少数绝对优势的技术产业，进一步拉长长板，利用市场规模优势，依托科技攻关、科技金融支撑和创新机制等综合手段，将短板产业锻造成具有比较优势和核心竞争力的长板产业；

积极构建全球共赢价值链体系，通过实施国内国际"双循环"相互促进的发展战略，实现产业链中的关键环节、关键技术和关键零部件供给的本土化，形成区域内产业集群，化解产业链断裂的风险，确保关键产业链的自主安全可控，形成占据价值链头部、高技术含量的现代化产业体系。

三、产业转型升级，促进产业价值链攀升

产业转型升级，即将目标产业从低附加值转向高附加值升级，从高能耗、高污染转向低能耗、低污染升级，从粗放型转向集约型升级。产业结构转型升级中的"转型"核心是转变经济增长的"类型"，即将高投入、高消耗、高污染、低产出、低质量、低效益、转为低投入、低消耗、低污染、高产出、高质量、高效益的生产模式，实现粗放型生产向集约型生产转型。产业结构转型升级中的"升级"，既包括产业之间的升级，如在整个产业结构中由第一产业为主逐级向第二、第三产业为主演进；也包括产业内的升级，即某一产业内部的加工和再加工程度逐步向纵深化发展，实现技术集约化，不断提高生产效率。

推动新型工业化深度发展，建立更加完善的现代化工业体系，并围绕产业链开展科技创新，实现从全球产业链、价值链的中低端向中高端攀升。致力于打造关键技术、核心部件和特殊材料，提供更专业化的高质量产品和服务。重新思考全球产业链布局的方向，突出中国在制度上的优势，进一步夯实产业链集群化发展的基础设施，积极布局基于新技术的产业生态，推进传统产业的数字化转型。具体来说，利用大数据、工业互联网、人工智能为产业赋能，推动产业数字化、智能化转型升级，着重发展核心技术，减少部分环节的进口依赖度，进一步完善供应链的完整度，朝着更高质量、更节能增效、更高附加值的方向继续优化。

四、推进本国产业的转型升级，尽快部署和调整供应链

虽然短期内中国在全球供应链的地位不会受到明显削弱，但多国重新构建产业链已经提上日程，成本不再是唯一的优先考虑因素，全球供应链

将向着多元化和区域化的方向发展，因此中国需要认真做好准备，以应对未来供应链转移带来的风险。此外，企业应分散风险，使投资多元化，在经济区域化和全球化的趋势中寻找商机。因此中国企业应抓紧当前的发展机会，推进本国产业的转型升级，尽快部署和调整供应链，以应对后疫情时代全球经济衰退和产业链重构的双重挑战。

第八节　后疫情时代中国积极参与全球供应链重构

面对当前国内外政治经济环境的变化和新冠疫情的冲击，党中央审时度势地提出了加快形成以国内大循环为主体，国内国际双循环相互促进的新发展格局，成为中国经济高质量发展的核心框架。这种国内国际"双循环"的新发展格局，也对我国的供应链提出了新的挑战。为了顺应这一趋势，中国供应链也应顺势而为，主动构建"双循环"的供应链格局。

一、构建国内国际双循环的供应链格局

总体来讲，当前支撑我国供应链双循环的支点有两个：对内是供给侧结构性改革，促进供应链升级；对外是"一带一路"倡议。首先，加快推进中国供给侧结构改革，一是要促进东、中、西部地区的供给链梯度转移，实现国内供应链地位的有序提升；二是要将国内供应链拓展成为富有深度的、高附加值的完整链条，即从研发设计到加工制造和最终的营销服务，均向附加值更高的方向升级；三是要打造一套完善的信息数字化基础设施，为中国供应链向数字化方向转型提供坚实的基础。其次，疫情对供应链造成的最大冲击是打断了国家间的"互联互通"，因此后疫情时代通过"一带一路"建设构建对外循环的关键在于"五通"：第一是政策沟通。政策沟通的最终目的是达成发展共识，推动区域合作与发展是中国融入全球供应链分工的前提。第二是设施联通，基础设施互联互通是中国参与全球供应链分工的"稳定器"和"助推器"，此次疫情中，中欧班列通过构建稳定的物流渠道为维护全球供应链提供了重要保障。与空运、海运相

比，中欧班列实行分段运输，不涉及人员检疫，具有独特优势，成为特殊时期国际供应链的主要运输方式。后疫情时代中国应与"一带一路"共建国家发展数字贸易和数字技术方面的基础设施。第三是贸易畅通。贸易畅通是供应链繁荣发展的重要保障，中国应与"一带一路"共建国家建立贸易自由化和投资便利化机制，签订高水平的区域自贸协定，减少关税与非关税壁垒。第四是资金融通。资金融通是供应链稳定发展的重要支撑，实现供应链的资金融通需要确保供应链商流、物流、信息流和资金流的有序良好结合。第五是民心相通。民心相通是供应链持续发展的重要条件，在这个"逆全球化"现象甚嚣尘上的时代，"民心相通"难能可贵，是推动全球供应链畅通的重要力量。

二、深化与日韩、东盟供应链合作

新冠疫情加速了全球供应链区域化的发展趋势。2020年东盟国家首次成为中国的第一大贸易伙伴，因此在全球供应链区域化及全球最大的区域自贸协定RCEP签订的背景下，东盟及日韩等国成为我国构建面向全球高标准FTA网络的优先发展目标，另外还需加快推进中日韩FTA建设。具体来讲，中国、日本、韩国产业互补，未来合作空间极为广阔。中国大量传统产业链亟须转型升级，教育、医疗、软件等服务业与高端制造业领域的合作需求巨大，韩国急于摆脱狭小国内市场的制约，而日本在医疗、教育、养老等产业有着丰富的资源和技术，三国不断深化合作，将为彼此甚至整个亚洲带来更大的发展机会和收益。对于中国与东盟地区的供应链，中国企业可以通过对东南亚的跨境投资成为产业链调整的推手，中国、日本、韩国在东盟地区需促进"补链型"相互投资，构建安全稳定的区域生产网络，增强区域产业整体的国际竞争力。

三、积极参与新一轮的国际经贸规则谈判

近年来，美国、日本、欧洲等发达经济体与其区域内国家签订了大量高水平的区域自贸协定，如《欧日经济合作伙伴关系协定》（EPA）、《全面

与进步跨太平洋协定》（CPTPP）、美墨加协定（USMCA）等。国际经贸规则呈现出区域内"高标准"与区域外"排他性"的特征，特别是美墨加协定（USMCA）专门制定了针对中国的"毒丸条款"，试图将中国排挤在国际贸易新规则体系之外，进而削弱中国在全球贸易和产业供应链中的地位。中国虽然是全球供应链的中心国，但主要处于中端生产环节，即价值链的中低端位置。因此积极推动区域自贸区谈判，参与国际经贸规则重构，对于提升中国参与全球供应链的分工地位至关重要。对此中国应加快推进中日韩 FTA、中英 BIT 谈判及中欧 BIT 谈判，适时启动加入 CPTPP 谈判，积极参与新一轮的国际经贸规则谈判。

参 考 文 献

[1]［德］弗里德里希·李斯特.政治经济学的国民体系［M］.陈万煦,译.北京:商务印书馆,1961.

[2]［美］道格拉斯·C.诺斯、约翰·约瑟夫·瓦利斯、巴里·R.温格斯特.暴力与社会秩序:诠释有文字记载的人类历史的一个概念性框架［M］.杭行,王亮,译.上海:格致出版社,上海三联书店出版社,上海人民出版社,2013.

[3]［美］霍利斯·钱纳里.工业化和经济增长的比较研究［M］.吴奇,译.上海:上海三联书店出版社,1989.

[4]［美］加里·皮萨诺,威利·史.制造繁荣:美国为什么需要制造业复兴［M］.机械工业信息研究院研究与规划研究所,译.北京:机械工业出版社,2014.

[5]［美］瓦科拉夫·斯米尔.美国制造——国家繁荣为什么离不开制造业［M］.李凤海,刘寅龙,译.北京:机械工业出版社,2014.

[6]［美］约瑟夫·熊彼特.经济发展理论［M］.何畏,等译.北京:商务印书馆,1990.

[7]［日］桥本寿朗,长谷川信,宫岛英昭.现代日本经济［M］.戴晓芙,译.上海:上海财经大学出版社,2001.

[8]［日］日本经济产业省.日本新经济增长战略［M］.林家彬,译.北京:中信出版社,2009.

[9]［日］野口悠纪雄.日本的反省:制造业毁灭日本［M］.杨雅虹,译.北京:东方出版社,2014.

[10]［日］野口悠纪雄.日本的复兴逻辑——大地震后的日本经济［M］.胡文静,译.北京:机械工业出版社,2012.

［11］白钦先. 经济全球化和经济金融化的挑战与启示［J］. 世界经济, 1999（6）: 11 – 19.

［12］白彦锋, 叶菲. 美国财政赤字状况及其可持续性分析: 基于蓬齐博弈与非蓬齐博弈的分析［J］. 中央财经大学学报, 2014（2）: 3 – 12.

［13］毕玉江. 美国货币政策变动对中国经济的影响: 兼论 QE 政策变化的经济效应［J］. 中央财经大学学报, 2015（11）: 75 – 87.

［14］卞修倩. 发达国家再工业化战略对我国制造业国际竞争力的影响研究［D］. 中国海洋大学硕士学位论文, 2014.

［15］蔡亮.“一带一路”框架下日本对华合作的特征［J］. 东北亚学刊, 2018（4）: 50 – 54.

［16］曹洁琼, 刘晓宁. 美国次贷危机与产业空心化［J］. 北方经济, 2013（4）: 70 – 71.

［17］柴天骄. 美国“再工业化”战略分析［D］. 长春: 吉林大学硕士学位论文, 2015.

［18］陈国宏, 李克军. 福州省新型工业化基础评价与比较分析［J］. 福州大学学报（哲学社会科学版）, 2005（2）: 14 – 19.

［19］陈汉林, 朱行. 美国“再工业化”对中国制造业发展的挑战及对策［J］. 经济学家, 2016（12）: 37 – 44.

［20］陈洁雄. 制造业服务化与经营绩效的实证检验——基于中美上市公司的比较［J］. 商业经济与管理, 2010（4）: 33 – 41.

［21］陈凯. 试析美国经济从“虚拟"到“实体”的调整与协同发展［J］. 财经问题研究, 2011（8）: 123 – 129.

［22］陈丽娴, 沈鸿. 制造业服务化如何影响企业绩效和要素结构——基于上市公司数据的 PSM – DID 实证分析［J］. 经济学动态, 2017（5）: 64 – 77.

［23］陈骞. 日本“制造业 + IT”融合革新趋势［J］. 上海信息化, 2017（2）: 80 – 82.

［24］陈友骏. 中美对峙和新冠肺炎疫情背景下日本调整对华战略的解析: 动因, 路径与前瞻［C］. 全国日本经济学会 2020 年年会暨“后新冠肺炎疫情时期日本经济与中日经济关系学术研讨会”论文集, 2020:

361 – 364.

［25］程永明．"一带一路"框架下中日合作领域及方式［J］．东北亚学刊，2018（5）：9 – 10.

［26］楚钰．美国"再工业化"战略及其影响分析［D］．沈阳：辽宁大学硕士学位论文，2014.

［27］崔健，刘伟岩．"一带一路"框架下中日与第三方市场贸易关系的比较分析［J］．现代日本经济，2018（5）：23 – 30.

［28］崔日明，张婷玉．美国"再工业化"战略与中国制造业转型研究［J］．经济社会体制比较，2013（6）：21 – 30.

［29］戴佳．日本在"一带一路"沿线地区基础设施投资情况及应对［J］．中国经贸导刊（理论版），2017（4）：26 – 30.

［30］戴金平，谭书诗．美国经济再平衡中的制造业复兴战略［J］．南开学报（哲学社会科学版），2013（1）：1 – 10.

［31］戴玲，张卫．基于熊彼特创新视角的再工业化作用机制研究［J］．科技管理研究，2016（2）：50.

［32］丁平．美国再工业化的动因，成效及对中国的影响［J］．国际经济合作，2014（4）：21 – 22.

［33］丁扬阳，郑健壮．日德两国20世纪90年代以来制造业发展的比较及对我国的启示［J］．经济研究导刊，2016（5）.

［34］东生．关于三次产业和"配第—克拉克定理"的简介［J］．经济问题，1981（8）：50.

［35］董有德，张露．中国OFDI推进相应国家基础设施建设——基于2007～2016年的57个"一带一路"国家的面板数据［J］．上海经济研究，2018（8）：100 – 102.

［36］方晓霞，杨丹辉，李晓华．日本应对工业4.0：竞争优势重构与产业政策的角色［J］．经济管理，2015（11）：25 – 30.

［37］冯永琦．东亚区域的生产分工，产品需求结构与贸易模式转变［J］．当代亚太，2011（3）：41 – 48.

［38］付争．对外负债：美国金融优势的维系［M］．北京：社会科学文献出版社，2018.

[39] 付争. 对外负债在美国金融霸权维系中的作用 [D]. 长春：吉林大学博士学位论文，2013.

[40] 付争. 金融市场差异与全球经济失衡 [J]. 世界经济研究，2012 (7)：10 - 15.

[41] 付争. 特朗普税改对中国经济的影响——基于与里根税改的比较与借鉴 [J]. 东北亚论坛，2018 (3)：110 - 128.

[42] 傅钧文. 发达国家制造业回流现象及成因分析：以日本为例 [J]. 世界经济研究，2015 (5)：110 - 115.

[43] 郭健全，潘琪琪. 基于 PLS 模型的中日服务贸易竞争力比较研究 [J]. 日本问题研究，2016 (4)：11 - 18.

[44] 郭进，杨建文. 美国再工业化战略对中国产业发展的影响及对策 [J]. 经济问题探索，2014 (4)：139 - 144.

[45] 韩涛. 制造业服务化对中国制造业全球价值链分工的影响——基于投入产出数据的实证分析 [D]. 北京：首都经济贸易大学硕士学位论文，2018.

[46] 韩永彩. 美国再工业化对中国制造业国际竞争力的影响 [J]. 国际经贸探索，2016 (4)：51 - 62.

[47] 何自力. 去工业化，去周期化与经济停滞常态化——一个认识当代资本主义的新视角 [J]. 华南师范大学学报，2015 (8)：33 - 38.

[48] 胡鞍钢，任皓，高宇宁. 国际金融危机以来美国制造业回流政策评述 [J]. 国际经济评论，2018 (1)：112 - 131.

[49] 胡立君，薛福根，王宇. 后工业化阶段的产业空心化治理与机制——以日本和美国为例 [J]. 中国工业经济，2013 (8)：122 - 134.

[50] 黄建安. 美国"再工业化"政策举措，战略特点以及对中国的影响 [J]. 浙江学刊，2014 (6)：208 - 213.

[51] 黄建康. 跨国公司直接投资撤资壁垒及其政策启示 [J]. 经济问题探索，2010 (9)：120 - 123.

[52] 黄茜. 欧亚经济联盟内部与外部分工网络的基本特征及其影响因素分析 [J]. 俄罗斯学刊，2021 (2)：121 - 131.

[53] 黄群慧，霍景东. 全球制造业服务化水平及其影响因素——基

于国际投入产出数据的实证分析 [J]. 经济管理, 2014 (1): 1 – 11.

[54] 黄新华. 制度创新的经济学理论 [J]. 理论学刊, 2014 (1): 32 – 36.

[55] 黄阳华. 从美国学派看后全球金融危机时代的美国产业政策 [J]. 学习与探索, 2018 (10): 141 – 148.

[56] 黄阳华. 德国"工业 4.0"计划及其对我国产业创新的启示 [J]. 经济社会体制比较, 2015 (2): 1 – 10.

[57] 黄永春, 郑江淮, 杨以文, 等. 中国"去工业化"与美国"再工业化"冲突之谜解析——来自服务业与制造业交互外部性的分析 [J]. 中国工业经济, 2013 (3): 7 – 19.

[58] 江积海, 沈艳. 制造服务化中价值主张创新会影响企业绩效吗?——基于创业板上市公司的实证研究 [J]. 科学学研究, 2016 (7): 1103 – 1110.

[59] 姜昊求. OFDI 产业结构效应中的产业空心化探析——以美国、日本为例 [J]. 现代管理科学, 2016 (11): 39 – 41.

[60] 姜梦静. 美国"再工业化"对中美贸易的影响研究 [D]. 北京: 北京邮电大学硕士学位论文, 2016.

[61] 蒋钦云. 我国战略性新兴产业规划与美国重振制造业框架比较研究 [J]. 国际经济合作, 2012 (1): 52 – 56.

[62] 金仁淑, 孙玥. 日本制造业: "丑闻"频发, 竞争力下降 [J]. 现代日本经济, 2019 (6): 52 – 67.

[63] 金慰祖, 于孝同. 美国的"再工业化"问题 [J]. 外国经济与管理, 1980 (10): 3 – 14.

[64] 李滨, 张雨. 评估奥巴马的"再工业化"战略 [J]. 国际观察, 2014 (6): 79 – 91.

[65] 李伯瑜. 浅析日本的泡沫经济 [J]. 日本问题研究, 1994 (4): 34 – 36.

[66] 李博雅. 制造业服务化对企业绩效的影响研究 [D]. 上海: 上海社会科学院硕士学位论文, 2018.

[67] 李成乔. 产业空心化研究综述 [J]. 中共合肥市委党校学报,

2016 (2)：58 –63.

[68] 李建，周继红.试论我国新型工业化测度与评价指标体系的建立 [J].兰州学刊，2003 (4)：72 –74.

[69] 李金华.德国"工业4.0"与"中国制造2025"的比较及启示 [J].中国地质大学学报，2015 (5)：71 –79.

[70] 李靖华，马丽亚，黄秋波.我国制造企业"服务化困境"的实证分析 [J].科学学与科学技术管理，2015 (6)：36 –45.

[71] 李俊，胡峰.欧美再工业化五年后中国制造业比较优势现状，原因及对策——基于2010 ~2014年贸易数据的对比分析 [J].经济问题探索，2016 (6)：80 –118.

[72] 李俊江，孟勐.基于创新驱动的美国"再工业化"与中国制造业转型 [J].科技进步与对策，2016 (5).

[73] 李清如.中日对"一带一路"沿线国家贸易隐含碳的测算及影响因素分析 [J].现代日本经济，2017 (4)：74 –80.

[74] 李同宁.新型工业化评价指标体系与监测标准探讨 [J].前沿，2005 (11)：4.

[75] 李晓，丁一兵，秦婷婷.中国在东亚经济中地位的提升：基于贸易动向的考察 [J].世界经济与政治论坛，2005 (5)：1 –7.

[76] 李艳秀，王厚双.价值链分工背景下贸易不对称研究 [J].经济学家，2017 (7)：98 –104.

[77] 李玉梅，王园园，胡可可.外商投资撤资回流的趋向与对策 [J].国际贸易，2020 (6)：63 –71.

[78] 廉德瑰.战略考量与日本对"一带一路"态度的转变 [J].日本问题研究，2018 (5)：1 –6.

[79] 林珏.美国"再工业化"战略研究：措施、难点、成效及影响 [J].西部论坛，2014 (1)：76 –85.

[80] 林雪萍，贲霖，刘亚威.美国制造创新研究院解读 [M].北京：电子工业出版社，2018.

[81] 刘昌黎.浅谈日本的泡沫经济 [J].日本研究，1993 (2)：13 –19.

[82] 刘洪钟. 我国国内国际双循环新发展格局的前景——以东亚价值链结构变动为视角 [J]. 人民论坛·学术前沿, 2021 (5): 65-71.

[83] 刘继国, 赵一婷. 制造业中间投入服务化趋势分析——基于OECD 中 9 个国家的宏观实证 [J]. 经济与管理, 2006 (9): 9-12.

[84] 刘佳斌, 王厚双. 我国装备制造业突破全球价值链"低端锁定"研究——基于智能制造视角 [J]. 技术经济与管理研究, 2018 (5): 113-117.

[85] 刘键, 蒋同明. 新型工业化视角下的工业设计产业升级路径研究 [J]. 宏观经济研究, 2018 (7): 122-131.

[86] 刘金山, 曾晓文. 技术创新的多螺旋模式研究——基于美国制造业创新中心的范式解读 [J]. 美国研究, 2018 (2): 50-67.

[87] 刘平, 陈建勋. 日本新一轮科技创新战略"新层次日本创造"与"社会5.0"[J]. 现代日本经济, 2017 (5): 1-8.

[88] 刘舒闲. 美国再工业化的政策, 效果与影响研究 [D]. 沈阳: 辽宁大学硕士学位论文, 2019.

[89] 刘文. RCEP框架下的中日韩产业合作 [J]. 亚太安全与海洋研究, 2021 (3): 93-100.

[90] 刘文娟. 金融危机下经济严重失衡国家的经验教训及对我国的启示 [J]. 经济研究, 2010 (4): 78-82.

[91] 刘晓欣, 张艺鹏. 中国经济"脱实向虚"倾向的理论与实证研究——基于虚拟经济与实体经济产业关联的视角 [J]. 上海经济研究, 2019 (2): 33-40.

[92] 刘志彪. 新冠肺炎疫情下经济全球化的新趋势与全球产业链集群重构 [J]. 江苏社会科学, 2020 (4): 16-23.

[93] 卢峰. 特朗普的经济主张 [J]. 国际经济评论, 2017 (1): 87-101.

[94] 鲁春义, 丁晓钦. 经济金融化行为的政治经济学分析——一个演化博弈框架 [J]. 财经研究, 2016 (7): 52-62.

[95] 马立珍. 发达的金融业支撑着"双赤字, 过度消费"的美国经济 [J]. 理论界, 2010 (3): 209-210.

［96］马慎萧．美国非金融部门的金融化转型［J］．政治经济学评论，2016（5）：202－224.

［97］马振华．美国工业化的演进研究与启示［D］．西安：西北大学硕士学位论文，2017.

［98］毛海欧，刘海云，刘贯春．外商撤资降低了企业的自主创新效率吗——来自中国工业企业与专利匹配数据的证据［J］．国际贸易问题，2019（11）：16－28.

［99］潘树颖．我国新型工业化进程统计测度方法与实证研究［D］．广州：暨南大学硕士学位论文，2012.

［100］潘双脂．后危机时代外商撤资动态分析［J］．对外经贸实务，2011（3）：93－95.

［101］庞德良，刘胜君．"一带一路"沿线国家对华对日贸易格局演变［J］．东北亚论坛，2016（6）：36－45.

［102］漆志平．政治经济学视阈下的经济金融化趋向及其解释——以美国经验资料为研究［J］．求索，2009（12）：60－62.

［103］乔·瑞恩，西摩·梅尔曼．美国产业空洞化和金融崩溃［J］．周晔彬，译．商务周刊，2009（11）：46－48.

［104］乔乔，袁波，张雪妍．中日自贸区战略特点、比较与合作思路［J］．国际经济合作，2018（8）：36－39.

［105］乔晓楠，杨成林．去工业化的发生机制与经济绩效：一个分类比较研究［J］．中国工业经济，2016（6）：5－17.

［106］热拉尔·迪蒙，多米尼克·莱维．新自由主义与第二个金融霸权时期［J］．丁为民，王熙摘，译．国外理论动态，2005（10）：30－36.

［107］任净，周帅．美国产业空心化问题研究［J］．大连海事大学学报（社会科学版），2015（5）：6－13.

［108］芮明杰．产业竞争力的"新钻石模型"［J］．社会科学，2006（4）：68－73.

［109］上海社会科学院经济研究所课题组，沈桂龙．全球金融危机下在华外资企业撤资的影响分析与风险判断［J］．上海经济研究，2014（12）：3－13.

[110] 尚运生. 在华 FDI 撤资的影响因素与政策启示——基于 1995 ~ 2014 年统计数据的分析 [J]. 商业研究, 2019 (2): 83 – 91.

[111] 邵嘉文, 郭将. 美国再工业化对中国制造业的影响分析 [J]. 经济研究导刊, 2018 (31): 41 – 44.

[112] 沈嘉伟, 刘轶锴. RCEP 原产地解读: RCEP 九问九答 [N]. 中国国门时报, 2020 – 11 – 15.

[113] 盛垒, 洪娜. 美国"再工业化"进展及对中国的影响 [J]. 世界经济研究, 2014 (7): 80 – 86.

[114] 石红莲, 王彬. 美国"再工业化"政策对中美贸易影响的实证分析 [J]. 价格月刊, 2017 (10): 49 – 54.

[115] 宋国友. 再工业化与美国经济增长 [J]. 外交评论, 2013 (3): 67 – 78.

[116] 宋纪宁. 跨国公司在华子公司撤资动因实证分析 [J]. 当代财经, 2010 (5): 71 – 77.

[117] 苏华, 钱宁君. 日本产业空心化问题对中国东部产业转移的警示 [J]. 当代经济管理, 2012 (6): 94 – 97.

[118] 苏立君. 逆全球化与美国"再工业化"的不可能性研究 [J]. 经济学家, 2017 (6): 96 – 104.

[119] 孙楚仁, 张楠, 刘雅莹. "一带一路"倡议与中国对沿线国家的贸易增长 [J]. 国际贸易问题, 2017 (2): 83 – 96.

[120] 孙静. 基于"德国制造"的工业 4.0 及对中国创新的启示 [J]. 重庆三峡学院学报, 2019 (1): 107 – 114.

[121] 孙莉. 美国"再工业化"背景下中国制造业竞争力的研究 [D]. 天津: 河北工业大学硕士学位论文, 2014.

[122] 孙丽, 冯卓. 东北亚区域经贸合作状况, 面临问题及推进路径 [J]. 沈阳师范大学学报, 2020 (1): 1 – 10.

[123] 孙丽, 王厚双. 特朗普启动对华"301 调查"的目的与影响透视 [J]. 国际贸易, 2017 (9): 28 – 32.

[124] 孙丽, 王世龙. 泡沫经济崩溃后日本非常规利率政策实证研究——"零利率"走向"负利率" [J]. 现代日本经济, 2017 (3): 24 – 41.

[125] 孙丽，张慧芳."一带一路"框架下中日第三方市场合作的可行性与模式选择"[J]. 日本问题研究，2019（2）：13-22.

[126] 孙丽，张慧芳. 制造业服务化对中日制造业行业绩效影响的实证分析 [J]. 日本文论，2019（2）：122-142.

[127] 孙丽. 公司治理结构的国际比较研究：来自日本的启示 [M]. 北京：社会科学文献出版社，2008.

[128] 孙丽. 供给侧改革与经济转型：日本的经验借鉴 [M]. 北京：经济科学出版社，2018.

[129] 孙丽. 日本处理僵尸企业问题的经验和教训研究 [J]. 日本学刊，2017（3）：83-108.

[130] 孙丽. 日本的"去工业化"和"再工业化"政策研究 [J]. 日本学刊，2018（6）：1-24.

[131] 孙丽. 日本主导国际经贸规则制定的战略布局：兼谈日本在大阪峰会上的得与失 [J]. 日本学刊，2020（4）：59-84.

[132] 孙丽. 中日贸易的变化对中国产业结构转型升级的影响 [J]. 东北亚论坛，2019（6）：95-111.

[133] 孙兴杰，李黎明. 美国的制造业复苏之难 [J]. 中国工业评论，2017（1）：11-19.

[134] 谭媛元，谭蓉娟. 发达国家再工业化研究：模式比较，影响因素及政策启示——基于 Panel Data 的实证分析 [J]. 现代商业，2015（20）：109-110.

[135] 唐志良，刘建江. 美国再工业化与中国制造2025的异同性研究 [J]. 生产力研究，2017（2）：76-85.

[136] 陶涛. 日本在新工业革命中的作为及启示 [J]. 开放导报，2016（9）：21-26.

[137] 佟福全. 美国的"再工业化"战略 [J]. 世界经济，1982（7）：59-83.

[138] 万继蓉. 欧美国家再工业化背景下我国制造业的创新驱动发展研究 [J]. 经济纵横，2013（8）：112-115.

[139] 万文娟. 重庆市新型工业化评价理论与实证研究 [D]. 重庆：

重庆大学硕士学位论文，2009.

[140] 王丹，郭美娜. 上海制造业服务化的类型，特征及绩效的实证研究 [J]. 上海经济研究，2016 (5)：94-104.

[141] 王厚双，李艳秀. 全球经济失衡与全球经济再平衡研究新进展 [J]. 经济学家，2015 (3)：84-92.

[142] 王厚双，盛新宇. 中日制造业服务化水平测度及其特征研究 [J]. 现代日本经济，2020 (3)：14-27.

[143] 王厚双，宋春子. 论美国东亚经济一体化战略的调整与日本的战略响应 [J]. 日本研究，2015 (1)：1-11.

[144] 王厚双，孙丽. 战后日本参与全球经济治理的经验研究 [J]. 日本学刊，2017 (1)：92-118.

[145] 王厚双，孙丽. 中国开放型经济转型升级的战略、路径与对策研究 [M]. 辽宁：辽海出版社，2016.

[146] 王厚双，王柏. 后安倍时代中日经贸合作的走势 [J]. 现代日本经济，2021 (1)：11-15.

[147] 王厚双，张霄翔. "一带一路"框架下中日加强在东盟第三方市场合作的对策思考 [J]. 日本问题研究，2019 (2)：22-33.

[148] 王厚双. 日本经济与世界经济接轨的经验浅析 [J]. 日本学刊，1997 (1)：15.

[149] 王厚双. 相互依存中的国际贸易摩擦：产生机理、影响与对策研究 [M]. 北京：经济科学出版社，2010.

[150] 王蕾，曹希敬. 熊彼特之创新理论的发展演变 [J]. 科技和产业，2012 (6)：84-88.

[151] 王丽丽，赵勇. 理解美国再工业化战略——内涵、成效及动因 [J]. 政经济学评，2015 (6)：130-131.

[152] 王亮. 美国在工业化及其效应研究 [D]. 昆明：云南大学硕士学位论文，2015.

[153] 王守义. 经济金融化趋向及其对我国实体经济发展的启示——基于 1973~2017 年美国经济发展数据的分析 [J]. 马克思主义研究，2018 (10)：62-73.

［154］王曦雨．美国再工业化对我国出口贸易的影响研究［D］．南京：江苏大学硕士学位论文，2016．

［155］王喜文．通往未来工业的德国制造2025——工业4.0［M］．北京：机械工业出版社，2015．

［156］王星宇．日本对外经济援助政策新动向与中日"一带一路"合作［J］．当代世界，2018（7）：59－62．

［157］王岩．战后以来美国再工业化问题研究［D］．长春：吉林大学硕士学位论文，2015．

［158］王颖．美国再工业化对我国出口贸易与利用外资的影响［J］．国际商务——对外经贸大学学报，2016（6）：38－46．

［159］王振家．美日：制造业"回迁"与"外流"［J］．光彩，2012（10）．

［160］王直，魏尚进，祝坤福．总贸易核算法：官方贸易统计与全球价值链的度量［J］．中国社会科学，2015（9）：108－127．

［161］魏作磊，李丹芝．中国制造业服务化的发展特点——基于中美日德法的投入产出分析［J］．工业技术经济，2012（7）：24－28．

［162］吴怀中．日本战略调整释放令人担忧信息［N］．环球时报，2020－06－30．

［163］吴晓庆．我国新型工业化进程评价指标体系及模型构建研究［D］．重庆：重庆大学硕士学位论文，2007．

［164］夏凤超．美国再工业化的可能性研究［D］．沈阳：辽宁大学硕士学位论文，2019．

［165］肖挺，蒋金法．全球制造业服务化对行业绩效与全要素生产率的影响——基于国际投入产出数据的实证分析［J］．当代财经，2016（6）：86－98．

［166］肖挺．"服务化"能否为中国制造业带来绩效红利［J］．财贸经济，2018（3）：138－153．

［167］谢春．中国特色新型工业化水平测度及模式研究［D］．长沙：中南大学博士学位论文，2011．

［168］谢德禄，李琼，王小明．建立新型工业化的指标体系与评价标

准探讨 [J]. 重庆三峡学院学报, 2004 (3): 57 - 61.

[169] 徐浩良. 利用国际机构助力"一带一路" [N]. 文汇报, 2015 - 08 - 28.

[170] 徐梅. "一带一路": 中日互利合作新平台 [J]. 世界知识, 2018 (6): 14 - 21.

[171] 徐梅. 如何看待日本神户制钢造假事件 [J]. 世界知识, 2017 (22): 23 - 25.

[172] 徐梅. 中日经贸关系的新动向及发展趋势 [J]. 日本问题研究, 2018 (3): 36 - 43.

[173] 徐微. 对外直接投资对日本产业空心化的影响及其成因研究 [D]. 大连: 东北财经大学学位论文, 2012.

[174] 徐振鑫, 莫长炜, 陈其林. 制造业服务化: 我国制造业升级的一个现实性选择 [J]. 经济学家, 2016 (9): 59 - 67.

[175] 许树伯. 层次分析原理 [M]. 天津: 天津大学出版社, 1998.

[176] 薛利敏. 夏普利值在利益分配中的应用 [J]. 商场现代化, 2006 (8): 162 - 163.

[177] 杨成林. 去工业化的发生机制及影响研究——兼论中国经济的去工业化问题及对策 [D]. 天津: 南开大学博士学位论文, 2012.

[178] 杨丽. 析配第——克拉克定理在我国西部经济欠发达地区的局限性 [J]. 经济问题探索, 2001 (11): 18 - 23.

[179] 杨龙, 吴光芸. 跨国公司在华撤资: 动因、影响与对策 [J]. 改革, 2007 (4): 31 - 35.

[180] 杨明强. 美资制造业回流的成因分析及对策 [J]. 江苏商论, 2012 (9): 153 - 155.

[181] 杨晓辉, 陈诗瑶. 发达国家"再工业化"战略的提出背景及成效简析——以美国为例 [J]. 现代商业, 2015 (29): 66 - 67.

[182] 姚海琳. 西方国家"再工业化"浪潮: 解读与启示 [J]. 经济问题探索, 2013 (3): 165 - 171.

[183] 叶成城. 能力分配, 制度共容性和战略关注度: 冷战后亚太多边经贸合作制度构建的成败分析 [J]. 当代亚太, 2020 (1): 86 - 112.

［184］于刃刚. 配第—克拉克定理评述［J］. 经济学动态, 1996 (8)：63 – 65.

［185］余功德, 黄建安. 美国"再工业化"的国家安全含义及其对中国的影响［J］. 浙江大学学报 (人文社会科学版), 2017 (3)：31 – 46.

［186］余心玎, 杨军, 王茜, 王直. 全球价值链背景下中间品贸易政策的选择［J］. 世界经济研究, 2016 (12)：47 – 59.

［187］袁伟华. 权力转移, 相对收益与中日合作困境——以日本对"一带一路"倡议的反应为例［J］. 日本学刊, 2018 (3)：39 – 62.

［188］张晨, 冯志轩. 再工业化, 还是再金融化? ——危机后美国经济复苏的实质与前景［J］. 政治经济学评论, 2016 (6)：171 – 189.

［189］张季风. 日本对参与"一带一路"建设的认知变化, 原因及走向［J］. 东北亚学刊, 2018 (5)：3 – 6.

［190］张继彤, 陈煜. 再工业化对美国制造业产出效率的影响研究［J］. 世界经济与政治论坛, 2018 (3)：120 – 123.

［191］张建新. 想象与现实：特朗普贸易战的政治经济学［J］. 国际政治研究, 2018 (5)：94 – 99.

［192］张丽娟. 美国贸易政策的逻辑［J］. 美国研究, 2016 (2)：18 – 34.

［193］张夏, 戴金平. 美国货币政策外溢效应：一个文献研究［J］. 财经科学, 2018 (5)：15 – 32.

［194］张晓涛, 贾骏阳. 中美制造业振兴战略政策支持体系对比研究［J］. 科学管理研究, 2017 (7)：103 – 107.

［195］张宇馨. 外资撤离中国市场的再思考［J］. 对外经贸实务, 2013 (2)：82 – 85.

［196］张雨. 美国再工业化战略效果分析［D］. 南京：南京大学硕士学位论文, 2014.

［197］张玉环. 特朗普政府的对外经贸政策与中美经贸博弈［J］. 外交评论 (外交学院学报), 2018 (4)：13 – 27.

［198］张玉来. 小松：日本"制造业服务化"的急先锋［J］. 董事会, 2018 (Z1)：72 – 75.

[199] 章嘉琳. 美国工业的空心化及其后果 [N]. 人民日报, 1987 - 08 - 29.

[200] 赵刚. 美国先进制造业伙伴计划及对中国的影响 [J]. 科技创新与生产力, 2012 (1): 10 - 14.

[201] 赵刚. 美国再工业化战略及对我国的影响 [J]. 科技创新与生产力, 2010 (9): 1 - 4.

[202] 赵平, 王玉华. 跨国公司撤资研究的述评与展望 [J]. 国际商务研究, 2017 (4): 89 - 96.

[203] 郑良芳. 从日本泡沫经济破灭说起——正确处理虚拟经济和实体经济关系问题的研究 [J]. 福建金融管理干部学院学报, 2003 (4): 6 - 9.

[204] 郑志来. 欧美高端制造业发展战略对我国的影响与应对 [J]. 经济纵横, 2015 (4): 115 - 118.

[205] 周林薇. 从日本股市暴跌看泡沫经济的特征 [J]. 世界经济, 1993 (2): 66 - 71.

[206] 庄芮. 美国重振制造业: 动因、成效及影响 [J]. 现代国际关系, 2013 (8): 15 - 49.

[207] Amitai Etzioni. Reindustrilization of America [J]. *Policy Studies Review*, 1983 (4): 677 - 694.

[208] Andy Neely. Exploring the financial consequences of the servitization of manufacturing [J]. *Operations Management Research*, 2009, 2 (1).

[209] Atkinson R. D. Commentary on Gregory Tassey's Rationales and Mechanisms for Revitalizing U. S. Manufacturing R, D Strategies [J]. *Journal of Technology Transfer*, 2010 (3): 1 - 5.

[210] Barry Bluestone, Bennett Harrison. *The Deindustrialization of America, Plant Closings, Community Abandonment, and the Dismantling of Basic Industry* [M]. New York: Basic Books, 1982.

[211] Carlino Gerald A. What Can Output Measures Tell Us about Deindustrialization in the Nation and its Regions? [J]. *Business Review*, 1989.

[212] Cowling, Keith, Tomlinson, Philip R. The problem of regional

"Hollowing out" in Japan: Lessons for Regionl Industrial Policy [D]. *University of Warwick*, 2001.

[213] David K. Manufacturing Trade [J]. *Review of World Economic*, 2003 (139): 601 – 624.

[214] Davis Leila E. Financialization and investment: A servey of the empirical literature [J]. *Journal of Economic Surveys*, 2017 (31): 1332 – 1358.

[215] Davis Leila E. Financialization and the non-financial corporation: An investigation of firm-level investment behavior in the United States. [J] *Metroeconomica*, 2018 (69): 270 – 307.

[216] Dong-Sung Cho. A dynamic approach to international competitiveness: The case of Korea [J]. *Journal of Far Eastern Business*, 1994 (1).

[217] Drucker P. F. The Future of Manufacturing [J]. *Interview for Industry Week*, 1998 (9): 21.

[218] Dür A. , Baccini L. , Elsig M. The Design of International Trade Agreements: Introducing a New Dataset [J]. *Review of International Organizations*, 2014, 9 (3).

[219] Etzioni A. Re – industrializa, revitalize, or what? [J]. *National Journal*, 1980 (10): 1 – 7.

[220] Fang E. , Palmatier R. , Steenkamp J. Effect of service transition strategies on firm value [J]. *Journal of Marketing*, 2008, 72 (5): 114.

[221] Fiona T. Manufacturing productivity, Deindustrialization, and Re-indust realizati on [D]. *South Africa United Nations University*, 2011.

[222] Gebauer H. , Fleisch E. , Friedli T. Overcoming the Service Paradox in Manufacturing Companies [J]. *European Management Journal*, 2005, 23 (5): 14 – 26.

[223] Heymann E. , Vetter S. Europe's Re-Industrialisation [J]. *The Gulf between Aspiration and Reality*, 2013 (18): 55 – 66.

[224] Horst Hanush, Andreas Pyka, Principles of Neo-Schumpeterian Economics [J]. *Cambridge Journal of Economics*, 2007 (31).

[225] Howell J. Innovation and Services: The Combinational Role of

Services in the Knowledge-based Economy [R]. *New Trendsand Challenges of Science and Technological Innovation in a Critical Era*, 2003: 1 – 22.

[226] Ivanka Visnjic Kastalli, Bart Van Looy. Servitization: Disentangling the impact of service business model innovation on manufacturing firm performance [J]. *Journal of Operations Management*, 2013, 31 (4).

[227] James M. Industrial Policy: Through Competition or Coordinated Action [J]. *Yale Journalon Regulation*, 1984 (2): 1 – 37.

[228] Jing Hua Li, Li Lin, De Ping Chen, Li Ya Ma. An empirical study of servitization paradox in China [J]. *Journal of High Technology Management Research*, 2015, 26 (1).

[229] John Harry Dunning. Internationalizing Porter's Diamond [J]. *Management International Review*, 1993 (2).

[230] Jon Rynn, Seymour Melman. After Deindustrialization and Financial Collapse: Why the U. S. economy must be made production-centered [J]. *The New York Times*, 2002 (29).

[231] Jorge Garcia-Arias. International Financialization and the Systemic Approach to International Financing for Development [J]. *Global Polic*, 2012 (12): 35 – 46.

[232] Kaivan Karimi, Gary Atkinson. What the Internet of Things (IoT) Needs to Become a Reality [J]. *White Paper, Free Scale and ARM*, 2013.

[233] Kornev A. K. , Maksimtsova S. I. , Treshchina S. V. Reindustrialization as an opportunity to grow the domestic economy [J]. *Studies on Russian Economic Development*, 2018 (4): 392 – 398.

[234] Kucera D. , Milberg W. Deindustrialisation and changes in manufacturing trade: Factor content calculations for 1978 – 1995 [J]. *Review of World Economics*, 2003 (139): 601 – 624.

[235] Magdalena K. Re-industrialization of Europe: Industry 4. 0 and the future of work [J]. *European Scientific Journal*, 2017 (4): 249 – 256.

[236] Michael B. Bringing manufacturing home: Implications for emerging economies of the Reindustrialization of the core OECD [J]. *Skolkovo Policy*

Brief, 2013 (7): 13 – 26.

［237］ Miller J C. Reindustrialization Through the Free Market ［J］. *Antitrust Law Journal*, 1984.

［238］ Moon H. Chang, A. M. Rugman, A. Verbeke. A generalized double diamond approach to the global competitiveness of Korea and Singapore ［J］. *International Business Review*, 1998 (7).

［239］ Nager A. B. , Atkinson R. D. The Myth of America's manufacturing renaissance: The real state of U. S. manufacturing ［J］. *The Information Technology, Innovation Foundation*, 2015 (1): 21 – 23.

［240］ Neil M. , Pollin R. Sedentary work, low physical job demand, and obesity in U. S. workers ［J］. *American Journal of Industrial Medicine*, 2010 (3): 21 – 23.

［241］ OECD. The rise of advanced manufacturing institutes in the United States, in the next production revolution: Implications for governments and business ［R］. 2017: 366 – 372.

［242］ Petre Prisecaru. EU reindustrialization on the coordinates of scientific and technical Progress. ［J］ *Procedia Economics and Finance*, 2015 (22): 485 – 495.

［243］ Pollin R. , Baker D. Reindustrializing America, a proposal for reviving U. S. manufacturing and creating millions of good jobs ［J］. *New Labor Forum*, 2010 (2): 134 – 159.

［244］ President's Council of on Science and Technology. Report to the president on capturing domestic competitive advantage in advanced manufacturing ［R］. 2012.

［245］ Robert Keohane. The Demand for International Regimes ［J］. *International Organization*, 1982, 36 (2).

［246］ Rogelio Oliva, Robert Kallenberg. Managing the transition from products to services ［J］. *International Journal of Service Industry Management*, 2003, 14 (2).

［247］ Rothwell R. R. Reindustrialization and technology: Towards a national policy framework [J]. *Science and Public Policy*, 1985 (12): 113 – 130.

[248] Rowthorn R. , Coutts K. De-Industrialization and the Balance of Payments in Advanced Economies [J]. *UNCTAD Discussion Papers*, 2004 (170).

[249] Roy Rothwell, Waiter Zegveld. *Reindustrialization and Technology* [M]. Michigan: Longman, 1985.

[250] Rugman Alan M. , Cruz D. , Joscph R. "The Double Diamond" Model of International Competitiveness: The Canadian Experience [J]. *Management International Review*, 1993 (2).

[251] Steven A. Reindustrialisation: Polities and economies [J]. *Challenge*, 1981: 39 – 43.

[252] Szalavetz A. Tertiarization of manufacturing industry in the new economy: Experiences in Hungarian companies [N]. *Hungarian Academy of Sciences Working Papers*, 2003, 134.

[253] Tassey G. Rationales and mechanisms for revitalizing U. S. manufacturing strategies [J]. *Journal of Technology Transfer*, 2010: 2 – 37.

[254] Thurow L. C. The management challenge: Japanese views [J]. *The Canadian Journal of Economics*, 1989 (2): 181 – 186.

[255] Tregenna F. Characterising deindustrialisation: An analysis of changes in manufacturing employment and GDP internationally [J]. *Cambridge Journal of Economics*, 2009 (33): 433 – 466.

[256] Uno K. Measurement of Services in an Input-Output Framework [J]. *Elsevier Science Publishers B. V.* , 1989.

[257] Vandermerwe S. , Rada J. Servitization of Business: Adding Value by Adding Services [J]. *European Management Journal*, 1988, 6 (4): 314 – 324.

[258] Watanabe C. , Hur J. Firm strategy in shifting to service-oriented manufacturing: The case of Japan's electrical machinery industry [J]. *Journal of Services Research*, 2004, 4 (1): 6 – 22.

［259］White A. , Stoughton M. , Feng L. Servicising: The Quite Transition to Extended Producer Responsibility ［M］. *Boston: Tellus Institute*, 1999.

［260］Yi K. M. Can Multistage Production Explain the Home Bias in Trade? ［J］. *The American Economic Review*, 2010, 100 (1).

［261］Zhi Wang, Shang-Jin Wei, Xinding Yu and Kunfu Zhu. Characterizing Global Value Chains: Production Length and Upstreamness ［Z］. *NBER Working Paper*, 2017a (23261).

后　记

本书是辽宁大学区域国别经济研究院院长，辽宁大学国际经济政治学院教授、博士生导师孙丽主持的"日本'去工业化''再工业化'的经验教训研究"（2018年国家社科基金项目，立项编号：18BGJ010）的最终研究成果。

20世纪90年代以来，日本经济出现了三大引起世界高度关注的现象：一是日本经济至今还没有完全走出泡沫经济崩溃的阴影；二是日本产业空心化进一步加剧；三是随着一系列严重质量问题、造假问题的不断暴露，日本正从"日本制造等于高质量"的"神坛"跌落下来。从表面上看，这三大现象之间似乎互不相干，但透过表象进行深入分析可以发现，上述三大现象的出现有着共同的根源，即在跟随、模仿美国"去工业化"与"再工业化"政策的过程中，日本经济发展战略出现了重大的失误：一方面，日本没有把握好"去工业化"与"再工业化"的精髓，却放大了美国"去工业化"与"再工业化"政策的失误，使日本经济陷入泥潭；另一方面，在美国开始大力纠正"去工业化"与"再工业化"进程中的政策失误时，日本仍徘徊于陈旧的理念之中，行动迟缓，甚至有不少人仍坚持认为是"制造业毁灭了日本"，试图使日本在"脱实向虚"的道路上继续前行。因此，日本的经验教训值得正处于工业化进程之中的中国进行深入的研究与借鉴。

在本书的完成过程中，辽宁大学国际金融与贸易学院王厚双教授对本书给予了大量的指导；辽宁大学国际经济政治学院世界经济专业的博士研究生陈士胜对本书的后期校对工作付出了大量辛勤的劳动；辽宁大学国际经济政治学院世界经济专业硕士研究生刘惠楠、夏凤超、张慧芳、冯卓、图古勒参与了资料收集、文献翻译及数据整理等工作，在此一并深表感谢。

　　"日本'去工业化''再工业化'的经验教训研究"课题，是一个具有重要理论和现实意义的研究课题，在许多地方存在着理论和现实难点，还需要进一步研究。本专著的研究还只是进行了有益探索和尝试，希望能起到抛砖引玉的作用，恳请有关专家和学术界同仁提出宝贵意见。

笔　者

2023 年 5 月

图书在版编目（CIP）数据

日本"去工业化""再工业化"的经济政策研究／
孙丽著. ——北京：经济科学出版社，2023.7
ISBN 978 - 7 - 5218 - 4973 - 8

Ⅰ.①日… Ⅱ.①孙… Ⅲ.①经济政策 - 研究 - 日本
Ⅳ.①F131.30

中国国家版本馆 CIP 数据核字（2023）第 140455 号

责任编辑：宋艳波
责任校对：齐　杰
责任印制：邱　天

日本"去工业化""再工业化"的经济政策研究
RIBEN "QUGONGYEHUA" "ZAIGONGYEHUA" DE JINGJI ZHENGCE YANJIU
孙　丽　著

经济科学出版社出版、发行　新华书店经销
社址：北京市海淀区阜成路甲 28 号　邮编：100142
总编部电话：010 - 88191217　发行部电话：010 - 88191522
网址：www. esp. com. cn
电子邮箱：esp@ esp. com. cn
天猫网店：经济科学出版社旗舰店
网址：http：//jjkxcbs. tmall. com
固安华明印业有限公司印装
710×1000　16 开　13.5 印张　210000 字
2023 年 7 月第 1 版　2023 年 7 月第 1 次印刷
ISBN 978 - 7 - 5218 - 4973 - 8　定价：68.00 元
（图书出现印装问题，本社负责调换。电话：010 - 88191545）
（版权所有　侵权必究　打击盗版　举报热线：010 - 88191661
QQ：2242791300　营销中心电话：010 - 88191537
电子邮箱：dbts@ esp. com. cn）